小小[illegible] 知识天天看

小足迹 大世界

策划：光玉
主编：郭漫

航空工业出版社
北京

内 容 提 要

本书收罗了世界各地令人叹绝的奇峰胜景，涵盖了最能体现大自然神奇造化和鬼斧神工的奇观，如北美洲著名的美国黄石国家公园、地球上的“刀疤”东非大裂谷、中国的雪域高原风光……觅幽览胜，美不胜收。

书中以通俗易懂的语言，配以百余幅精美的图片，将地理知识实现潜移默化式的传递，旨在使广大青少年读者在阅读的同时，还能获得更广阔的审美感受和文化视野。

图书在版编目(CIP)数据

小足迹大世界/郭漫主编. --北京：航空工业出版社，2012.7(2020.7重印)
(小小科学馆)
ISBN 978-7-80243-998-6

Ⅰ.①小… Ⅱ.①郭… Ⅲ.①地理—世界—儿童读物
Ⅳ.①K91-49

中国版本图书馆CIP数据核字(2012)第119011号

小足迹大世界
Xiaozuji Dashijie

航空工业出版社出版发行
(北京市朝阳区北苑2号院 100012)
发行部电话：010-84936597 010-84936343

北京一鑫印务有限责任公司印制 全国各地新华书店经售
2012年7月第1版 2020年7月第3次印刷
开本：700×1000 1/16 印张：8 字数：240千字
印数：25001-30000 定价：16.80元

前言

地理与人类的日常生活密切相关，通过对地理知识的学习，我们可以广泛而充分地了解世界各地迥异的气候条件、地容地貌、文化遗址和风土人情等，既可以开阔眼界又能陶情益智，是人们知识领域不可或缺的一部分。

20世纪80年代中期以来，由于全球性人口、资源、环境等问题日渐突出，而地理学在解决这些问题上又凸显出巨大优势，于是人们开始重新审视地理教育的价值，意识到它对寄托着民族的希望和祖国未来的青少年教育的意义是如此重大，影响深远。

地理知识是一个人一生受用不尽的宝贵财富。地理科学是联系自然科学和社会科学的“桥梁”科学，可以让人感受到整个自然界乃至整个宇宙的和谐、平衡。在享受美的同时，懂得珍爱自然、保持生态平衡、保护地理景观。人们也因此赋予“地理”一词以“气质、教养”的含义。

鉴于此，我们精心收罗了世界各地令人叹绝的奇峰胜景，涵盖了最能体现大自然神奇造化和鬼斧神工的奇观，纵经横纬，无所不至，如北美洲著名的美国黄石国家公园、南美洲阿根廷的冰川国家公园、地球上的“刀疤”东非大裂谷、中国的雪域高原风光……觅幽览胜，美不胜收。

现代社会中有的地方蔓延着奢靡之风，有的人为了追求豪华、气派、舒适，无视资源浪费和环境的破坏。希望本书的出版能唤起人们对美丽家园的热爱，为建设“一个宽敞的地球、一个富裕的地球、一个干净的地球、一个安全的地球”尽一份力量，这也是本书出版的一个初衷。

编者

目录

第1章 高山险峰

第2章 奇峡美瀑

第3章 绝色湖泊

第4章 名川大河

第5章 浩瀚海洋

第6章 国家公园

1 高山险峰

全世界的自然资源大都蕴藏在崇山峻岭之中，是地球上最大的“储藏室”。这些都是人类赖以生存的重要保障。除此之外，壮阔的景观也是使我们对这些巍峨向往流连的一个原因。

但我们除了欣赏之外，更应该放下身段，用诚恳的双脚亲吻大地，并深存一颗感恩、敬畏的心。

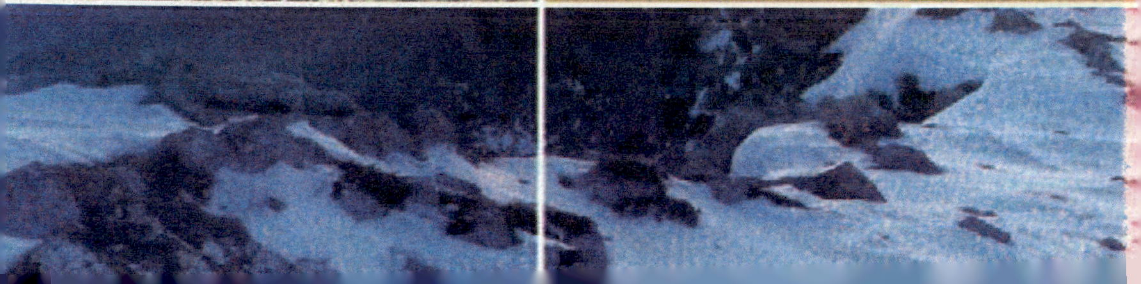

世界上"最完美的火山锥"

马荣火山

马荣火山（Mayon Volcano）位于菲律宾吕宋岛东南部，距首都马尼拉东南方约 340 千米处。火山东南方约 16 千米处有 Legaspi 城。是世界上最著名的活火山之一。它是世界上轮廓最完美的火山之一，号称"最完美的圆锥体"。火山方圆 130 千米，海拔 2421 米，耸立在阿尔拜湾（Albay Gulf）海岸上。多登山客和露营者，是马荣火山国家公园（面积 55 平方千米）的中心。较低坡有大片蕉麻种植园。

山下一派生机勃勃的景象

地球的烟囱

在地质学上，菲律宾位于欧亚板块和菲律宾板块的交界地带，因为板块挤压作用，较重的海洋板块把较轻的大陆板块往上推，推挤过程中强大的压力及高热使得板块熔化，产生岩浆。菲律宾有 22 座活火山，全部分布在环太平洋火山带上，因此火山和地震等现象都非常频繁。

马荣火山是一个活跃的层状火山，它完美对称的圆锥体是火山灰和熔岩多次喷发并累积的结果。第一次有记录的喷发发生在 1616 年，近四百年来，马荣火山共喷发了 40 多次。最近几次大规模喷发是在 1938 年、1948 年和 1993 年。1993 年的喷发曾造成 7 万多人迁徙。

坐落在马荣火山附近的整个卡戈萨瓦镇在 1814 年的火山喷发中被火山熔岩及山灰淹没，只有教堂的尖顶屹立在层层冷却了的火山熔岩之上，向世人讲述着"菲律宾庞贝城"的故事。

进入 2009 年 11 月中旬以来，马荣火山又开始焦躁不安了。12 月 14 日，菲律宾火山地震研究所将马荣火山的警戒级别从二级提升到三级，政府将火山周围的 5 万多民众疏散至安置中心，菲律宾军队出动几十辆军用卡车帮助3万多人撤离。当地政府还颁布禁令，明确规定马荣火山方圆8千米内为无人区。在2006年马荣火山异常活跃时，政府就实行类似居民撤离计划，当时3万多人被安全转移，因此马荣火山喷发未造成人员伤亡。而1993年却因为居民撤离迟缓而导致77人在当时火山喷发中丧生。

马荣火山爆发前的剧烈活动

12月20日，该机构又将警戒级别提高至四级（三级警戒表示火山开始喷发，四级警戒是表示火山随时可能大规模剧烈喷发，而五级警戒即最高警戒则表示火山大规模剧烈喷发）。

虽然面临火山喷发的危险，但故土难离，当地许多居民仍然拒绝迁移，他们希望留下来保护农作物、牲畜及财产。近四百年来，阿尔拜省的居民已经习惯了马荣火山喷发所带来的威胁。

火山资源的发展前景

自然界在重塑地球的过程中无情地摧毁人类文化的同时，它也慷慨地赐予了人类资源与财富。

菲律宾的火山游不仅吸引了世界上无数跟着火山跑的好奇者，其地热资源所带动的温泉热也成为菲律宾打造健康生态旅游的亮点。每逢马荣火山吐纳吹气的时候，从记者到摄影师、从火山爱好者到地质学家如朝圣般纷纷背着行囊聚到马荣火山脚下，期待着它冲冠一怒，火山游成为当地的特色旅游。最近，就在阿尔拜省政府忙于疏散民众时，来自国内外的上千名火山爱好者们纷纷抵达阿尔拜省，在该省安全及危机管理办公室的帮助下抵达指定的安全观察点，一睹火山喷发的雄伟。

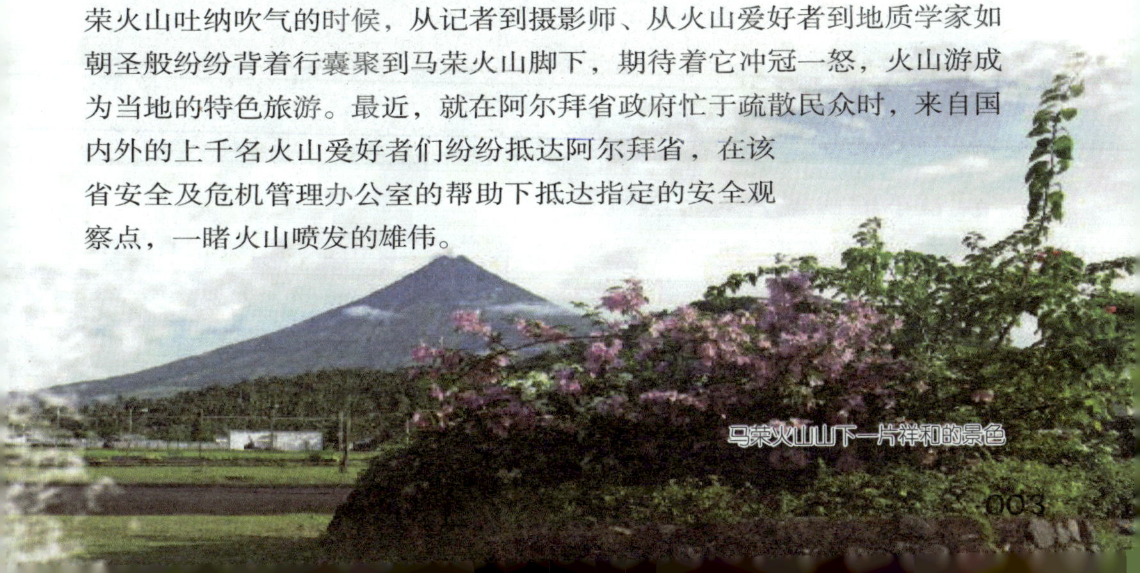

马荣火山山下一片祥和的景色

日本第一山

富士山

富士山耸立于日本本州中部，跨静冈、山梨两县，为富士箱根伊豆公园的一部分，面积 90.76 平方千米。它的四周有剑峰、白山岳、久须志岳、大日岳、伊豆岳、成就岳、驹岳和三岳这“富士八峰”围绕。海拔最高达 3776 米，是日本第一高峰，日本人尊其为“圣山”。

富士山是一座休眠火山。据传是公元前 286 年因地震而形成的。自公元 781 年有文字记载以来，共喷发过 18 次，最后一次喷发是 1707 年，此后变成休眠火山。由于火山口的喷发，富士山在山麓处形成了无数山洞，有的山洞至今仍有喷气现象。

在富士山的顶峰上有一块 2 米高的大石碑，上刻“富士顶峰 3776 米”的字样。山顶上有一个很大的火山口，像一只大钵盂，日本人称之为“御钵”，其直径有 800 米，深 220 米。富士山是以这个火山口为中心，左右对称堆积起来的高高山峰。

在日本虾夷族语言中，“富士”本是“火之山”之意，后来汉字传入，才写成了“富士山”。

日本最负盛名的自然风光

富士山的外形呈现出完美的圆锥状，叫做火山锥，山体向上缓升，无论从哪个方向看都是一样的形状，有一种独具的美感，远观就像是一把悬空倒挂的扇子，终年积雪的山顶和顶上巨大的火山湖使它更显宏伟和灵秀。因此日本诗人曾用“玉扇倒悬东海天”、“富士白雪映朝阳”等诗句赞美它。

最美的富岳风穴内的洞壁上，结满了钟乳石似的冰柱，冰柱终年不化，被视为罕见的奇观。

富士山有茂密的丛林、广阔的湖泊和飞泻而下的瀑布，是驰名世界的旅游胜地。春季，鲜花怒放，姹紫嫣红，漫山遍野；夏季，满山翠绿，最适宜登山、观日出，站在高高的山顶，欣赏绚丽的日出、奇异而壮观的云海等自然风光，这是世界各国游客来日本必不可少的游览项目；秋季，天高气爽，红叶遍染山谷；冬季，漫山银装素裹，更是人们理想的滑雪场地。

富士山的南麓是一片辽阔的高原地带，绿草如茵，为牛羊成群的观光牧场。山的西南麓有著名的白系瀑布和音止瀑布。白系瀑布落差 26 米，从岩壁上分成十余条细流，似无数白练自空而降，形成一个宽 130 多米的水帘，颇为壮观。音止瀑布则似一根巨柱从高处冲击而下，声如雷鸣，震天动地。

富士山虽然在世界名山中并不算高，但在周围 100 千米以内，就可以看到那终年被积雪覆盖着的锥形轮廓。日本人把这里看作是整个民族与平安吉祥的象征。

樱花、富士山——日本的名片

幽雅而静谧的湖泊

富士山的北麓有富士五湖，从东向西分别为山中湖、河口湖、西湖、精进湖和本栖湖。

山中湖最大，面积为 6.75 平方千米，湖东南的忍野村，有涌池、镜池等 8 个池塘，总称“忍野八海”，与山中湖相通。

河口湖是五湖中唯一有岛的湖，湖中映着富士山的美丽倒影，令人流连忘返，被称为是富士山奇景之一。湖中的鹈岛上有一个专门保佑孕妇安产的神社。湖上还有长达 1206 米的跨湖大桥，这里已成为富士山景区的游览中心。

西湖又名西海，是五湖中环境最幽静的一个湖。据传，西湖与精进湖原本是相连的，后因富士山喷发而分成两个湖，但这两个湖底至今仍是相通的。岸边有红叶台、青木原树海、鸣泽冰穴、足和田山等优美的景致。

精进湖是富士五湖中最小的一个湖，但其风格却最为独特，湖岸有许多高耸的悬崖，地势复杂。

本栖湖水最深，最深处达 126 米。湖面终年不结冰，呈深蓝色，透着神秘的色彩。

日本著名诗人金子光晴曾写下赞美富士五湖的诗句：

静静的五湖，合抱着富士秀峰。
山中湖畔群栖的鹈鸪，在雾霭中，轻盈地抖动羽尾。
那画框中的河口湖，宛如从树海采摘的明珠，剔透晶莹。
明眸般的精进湖啊！充满嫉恨神秘莫测的西湖。
还有那本栖湖，世无双，景中景。
静静的五湖，仰望着富士秀峰。

世界最长的山系

科迪勒拉山系

北美洲的“脊骨”
——科迪勒拉山系

科迪勒拉山系由一系列平行山脉和山间高原、盆地组成，属环太平洋火山地震带。该山系北宽南窄，其北美段以落基山脉为主体，一般高约2000~3000米，宽约800~1000千米，它纵贯加拿大和美国境内，有北美洲的“脊骨”之称；南段以安第斯山脉为主，平均高度可达3000米，但宽度还不到北美落基山脉的一半，一般仅300千米，且越向南越窄。

气势恢宏的地貌结构

科迪勒拉山系由一系列纵向山脉、山间高原、盆地和谷地组成。

科迪勒拉山系的北段分三个纵列带，东部以南北绵延约4800千米的落基山脉为主体，海拔一般在2000米左右；其北有布鲁克斯山；其南为墨西哥高原东侧的东马德雷山，这一地域内的高峰可达4000米以上，且有多座五六千米以上的山峰。

黄石国家公园内的美丽喷泉

落基山构造复杂，大多以褶皱和冲断层为基础，呈现为条状山脉和间隔断层谷地为主。以温泉和喷泉而著称的黄石国家公园就位于它的中段。

中部为山间高原盆地地带。宽阔的盆地内有短窄的断块山与干盆地交错分布，因气候干旱而多沙漠和盐湖。

西部为太平洋边缘山地，由东西两侧山地与中间的陷落谷地组成。这里多断块山和断层谷地，著名的圣安的列斯大断层就在这里。东侧山地中的阿拉斯加山脉的麦金利山高达 6193 米，是北美的最高峰。

中部的陷落谷地有的已成为海湾，如库克湾、圣弗朗西斯科湾、加利福尼亚谷地、加利福尼亚湾等。

科迪勒拉山系南段以安第斯山脉为主体，其延伸于南美大陆的西岸和北岸，直线距离近 9000 千米，平均高 3000 米，有许多高峰在 6000 米以上，个别的可接近 7000 米，是世界最高大的山脉之一。新生代以来，安第斯山地区火山地震十分频繁，说明它至今尚处于不稳定状态。

科迪勒拉山系里生活的水貂

丰富的自然资源

在科迪勒拉山系的形成过程中，北美西北部和亚洲东北部曾有过联系和中断，从而使两地动物你来我往，形成了许多同属和相似的动物种，如水貂、猞猁、狼和獾等。它也提供了南北美洲之间动物往来的条件，在北美东南部出现犰狳等与南美相同种属的动物，南美的猫科、犬科和浣熊科等则来自北美。因此，科迪勒拉山系的形成，极大地丰富了南北美洲的动物种类。

由于科迪勒拉山系在形成过程中几经构造变动、断裂、岩浆侵入、火山喷发及多次的侵蚀，致使岩层变质和古老岩层出露，从而形成了美洲的其他地区所缺乏的多种金属矿和沉积矿。其中铜、铅、锌、铝土、钼、锑、石油、磷酸盐等的储量居世界前列，它为美洲大陆的开发和经济发展提供了重要的物质基础。

北美"脊骨"

落基山脉

落基山脉中冰河国家公园内的水光山色

落基山脉呈西北—东南走向，长约 4800 千米。海拔一般在2000~3000 米，高耸入云的山峰此起彼伏，最高峰埃尔伯特山海拔高达 4399 米。这些高大的山峰在云雾中形成一片峰海。峰顶常常由于恶劣的天气影响，终年覆盖积雪，形成了独特的冰蚀地貌，奇特异常的冰斗、冰凌十分壮观。

奇异的冰蚀地貌

落基山脉主要形成于白垩纪末至第三纪初的拉拉米造山运动。落基山最初为巨大的地槽地区，到白垩纪初期还只是浅海，第三纪时发生了大规模的造山运动、火山爆发，地壳发生了强烈的褶曲与压缩，山脉再度隆起，形成了高大的花岗岩山系；第四纪时，冰川的作用又造就了它广泛分布的冰蚀地貌，留下了陡峭的角峰、冰斗、槽谷等冰川侵蚀的特征，加之长期的地壳变动，就逐渐形成了落基山的现状。

有着"落基山脉皇冠"美称的著名的冰河国家公园就坐落在蒙大拿州的西北落基山脉中，公园总体呈长方形，宽 32~48 千米，长约 96 千米，面积约为 40.5 平方千米，峥嵘锐利的山峰仰头可见，有如女王头顶上绚丽夺目的王冠，亿万年前被冰河切割的河谷与湖泊，闪烁着绚烂迷离的水色波光。这里曾是印地安人的圣地与战场，现在成为了野生动物的乐土。

复杂多变的地形结构

落基山脉山体高大而纵长，是北美大陆东西部气团运行的障壁，导致东西部降水差异巨大，并影响气温的分布，构成北美洲重要气候分界线。

著名的黄石国家公园以北的北落基山，西部是前寒武纪和古生代花岗岩，以高大的块状山体为主；东部在长列褶皱和冲断层构造基础上，条状山脉普遍，其间隔以断层谷地。

黄石国家公园至怀俄明盆地为中落基山，宽度较大。西部以条状山脉与断层谷地相间为特征；东部多为单一背斜隆起、边缘陡峭的高原状山脉，山体短促，走向不一，间隔以宽广的向斜盆地。

怀俄明盆地以南是南落基山，为整个落基山脉最雄伟的部分，由东西两组平行的背斜山脉组成，出露前寒武纪结晶岩，海拔 4200 米以上的高峰有 48 座，著名的埃尔伯特山即位于此。

丰富的自然资源

落基山区植被丰富，主要有黄松、道格拉斯松、云杉等针叶树种。不同纬度、高度、坡向均发育着不同的垂直带谱。

落基山这样的高海拔山上竟然也有鱼。加拿大落基山脉最大的、也是世界第二大的冰河湖——玛琳湖中就盛产鱼类。玛琳湖是落基山脉中唯一可行驶马达船的湖泊，而湖中所产的彩虹鳟及东溪鳟则是熊、人共喜的美食。

当地人一直对熊感到敬畏，因为它们体形庞大、力量强壮、性格凶猛，落基山的熊更是如此，游泳是它们的拿手好戏，上树动作也极其敏捷，简直就是无敌的“全能战士”。另外，生活在落基山中的大角羊也是闻名世界。

落基山还分布着多样的岩浆侵入体、高度变质带以及沉积盆地，是北美洲矿产资源特别是有色金属的主要分布区。美国落基山有 2 个著名金属矿区：爱达荷州的科达伦以铅为主，锌、银共生；比尤特、宾翰以铜为主，银、铅、锌共生。非金属矿主要产于怀俄明盆地，主要有石油、天然气、煤、盐等。

落基山脉几乎纵贯美国全境，著名的黄石国家公园、冰河国家公园、大台顿国家公园都位于这里，囊括了山脉、峡谷、冰川、冰河等奇观。

欧洲东岸的屏风→

阿尔卑斯山脉

瑰丽的阿尔卑斯山脉是欧洲中南部最高大的山脉，它西起法国尼斯附近的地中海海岸，向北、东呈弧形延伸，经意大利北部、瑞士南部、列支敦士登、德国南部，东至奥地利的维也纳盆地。宽 120~200 千米，绵延约 1200 千米，东宽西窄。总面积约 22 万平方千米。平均海拔 3000 米。

勃朗峰（海拔 4810 米）是整个山脉的最高点，位于法国和意大利的边界处。在法语中，“勃朗”一词就是“白”的意思，是由于山峰终年积雪不化、一片银白而得名。

风景秀美的阿尔卑斯山

山脉主干向西南方向延伸为比利牛斯山脉，向南延伸为亚平宁山脉，向东南方向延伸为迪纳拉山脉，向东延伸为喀尔巴阡山脉。

阿尔卑斯山脉可分为 3 段：

西段的西阿尔卑斯山脉从地中海海岸，经法国东南部和意大利的西北部，到瑞士边境的大圣伯纳德山口附近，为山系最窄部分，也是高峰最集中的山段。

中段的中阿尔卑斯山脉宽度最大，介于大圣伯纳德山口和博登湖之间，有马特峰（海拔 4479 米）和蒙特罗莎峰（海拔 4634 米）两座主峰。

东段的阿尔卑斯山脉在博登湖以东，海拔低于西、中两段阿尔卑斯山脉。

丰富的生态资源

阿尔卑斯山地域有着丰富的动植物资源。由于气候的影响，阿尔卑斯山脉的植被呈明显的垂直变化。

由于山地垂直自然带广泛分布，使得这一区域的农作物种植业、牧业、果树栽培业以及酿酒业等都十分发达，尤其是在高山地带广泛分布的高山牧场更为阿尔卑斯山地区增添了自然恬静的色彩。

在这一地区，常有焚风出现，引起冰雪迅速融化或雪崩而造成灾害。但也正因为如此，阿尔卑斯山脉是欧洲许多河流的发源地和分水岭。多瑙河、莱茵河、波河、罗讷河都发源于此。山地河流上游，水流湍急，水力资源丰富，有利于发电。

阿尔卑斯山下美丽的湖泊景色

景色宜人的旅游胜地

阿尔卑斯山地气候冬凉夏暖。大约每升高 200 米，温度下降 1℃，在海拔 2000 米处年平均气温为 0℃。整个阿尔卑斯山湿度很大，年降水量一般为 1200~2000 毫米，海拔 3000 米左右为最大降水带，边缘地区年降水量和山脉内部年降水量差异很大。海拔 3200 米以上为终年积雪区。阿尔卑斯山脉的气候已成为中欧温带大陆性气候和南欧亚热带气候的分界线。

山下满目苍翠，气候宜人，沿山而上，渐渐地就会发现自己已置身于晶莹的冰雪世界。不仅如此，阿尔卑斯山地由于冰川作用而形成了许多湖泊。最大的湖泊是莱芒湖，另外还有四森林州湖、苏黎世湖、博登湖、马焦雷湖和科莫湖等。美丽的湖区也是旅游的胜地。

湛蓝的天空、如絮的云朵、皑皑的白雪、满眼的青翠欲滴……无不令人流连忘返。

欧洲第一活火山

埃特纳火山

埃特纳火山位于意大利南端西西里岛东北角，距卡塔尼亚市 29 千米。火山周长 129 千米，海拔 3520 米。为一座黝黑色独立锥形体，周围 250 千米外都清晰可见。主要火山口海拔 3340 米，直径 500 米。周围有 200 多个较小火山锥。

奇妙的地质形成

埃特纳火山所在的位置正好在欧亚板块和非洲板块碰撞的前沿地带，是地壳的薄弱部位。在它下面 20~25 千米的深度范围内有岩浆大量聚集，这是些含铁和镁较多的硅酸盐熔浆，喷出地面时形成易流动的基性熔岩，间或也有因气体迅速膨胀爆炸而产生的碎屑物抛起。

火山活动频繁的埃特纳火山

这些喷出物在喷口周围堆积起来，使火山锥越来越大，越来越高。那些在山坡上的喷口最后也形成一个个较小的新火山锥，与原来的火山锥叠合在一起。现在的埃特纳火山是把这些小火山锥都包括在内的统称，它们都是由同一岩浆来源形成的火山，属于复火山类型。

火山喷发的历史

自有历史记录以来，这座火山喷发的次数已达五百多次。1969 年埃特纳火山爆发的场面非常可怕：火山向周围倾泻了 7.8 亿立方米的熔岩，摧毁了 14 座城市，死亡人数高达二万。喷溢出来的沙子和火山灰等高达 137 米，堆出了一个大山头，形成了罗西山。

毁灭文明古城的“凶手”

维苏威火山

维苏威火山位于意大利那不勒斯湾之滨，海拔1280米，是目前欧洲大陆唯一的活火山。火山口周边长1400米，深216米，基底直径3000米。

维苏威火山过去被称为苏马山或索马山，其古老山地的边缘部分呈半圆形，环绕于目前的火山口。

被火山灰包裹的罹难居民。猝不及防的灼热的火山岩浆和火山灰甚至让他们保持了罹难前的姿态。

维苏威火山的威胁

虽然随着地质研究的深入，地质学家预测火山喷发时间、地点以及火山灰和熔岩影响范围的能力越来越强，但像那不勒斯这样靠近火山的城市仍处于危险中。

维苏威火山周边地区可以按危险程度划分为三片，其中最危险的一片共居住有60万人。这些居民几乎直接面对火山喷发的巨大威胁，在喷发前必须全部撤走。意大利政府对于大规模的居民撤离早有预案，并进行了撤离演练。那不勒斯所在的坎帕尼亚区也采取了一项耗资7亿欧元的计划，如下令停止在高危区内建造任何建筑物，违者重罚，并对愿意到危险区以外地方重建家园的居民予以资助。

考古人员发掘出已经破败的赫库兰尼姆城

庞贝与赫库兰尼姆的消失

维苏威火山最近的一次大喷发发生在1631年。这次大爆发之时，有一股浓烟柱从维苏威火山垂直上升，然后向四面分散，状似蘑菇。在这股浓烟里，偶尔穿插有闪电似的火焰，火焰闪过后，就显得比夜晚还黑暗。喷出的火山灰飘扬得很远，其附近的火山灰最厚处达37米多。

后来在1713年，人们打井时无意打在了被湮没的圆剧场的上面，再后来又发现了赫库兰尼姆和庞贝两座城市，但发现的骨骼很少，这很有可能是由于火山大爆发前，频繁的地震使大多数城市居民有了充分的躲避及逃亡时间，并将贵重的、能携带的物品也一并带走了。但在兵营里发现两个被锁在木桩上的士兵未能逃脱。

另外就是在郊区一栋房屋的地下室里，发现了被埋在火山灰和泥流中的17个人。可能当时他们认为已经找到了安全的避灾之处，没有撤走，结果他们被包裹在了火山灰和泥流硬化了的凝灰岩中而命丧其中。

奥林匹克运动的发源地

奥林匹斯山

奥林匹斯山是坐落在希腊北部的一座高山，其主峰米蒂卡斯海拔2917米，是全国最高峰。奥林匹斯山是色萨利区与马其顿区的分水岭。为了与南面相毗邻的“下奥林匹斯山”相区别，又被人们称为“上奥林匹斯山”。相传这里曾是众神生活的地方。

奥林匹斯山上残破却依然壮美的古希腊神庙

令人心驰神往的神话

奥林匹斯山被古希腊人尊为“神山”。他们认为：希腊居于地球的中心，而奥林匹斯山又位于希腊中心，于是奥林匹斯山自然也就是地球的中心，那些统治世界、主宰人类的诸神就住在这高高的山上。

古希腊人信奉的神众多，包括主神宙斯、天后赫拉、智慧女神雅典娜、太阳神阿波罗、月亮与狩猎女神阿尔忒弥斯、战神阿瑞斯、众神使者与亡灵接引赫尔墨斯、灶神或家室女神赫斯提等，有时也包括酒神狄俄尼索斯和英雄赫拉克勒斯。

古希腊人认为这些神祇都居住在雄伟的奥林匹斯山中。在这个光辉的奥林匹斯山上，每个大神都拥有自己的宫殿，最宏伟的当数位于陡峭险峻的弧形山峰——斯泰法尼峰峰顶的主神宙斯的宫殿。

爱与美的女神阿佛洛狄忒主管着爱情、婚姻和家庭。曾因特洛伊王子帕里斯把“第一美女”的象征——金苹果送给了年轻貌美的阿佛洛狄忒，引起赫拉和雅典娜的嫉恨，酿成了一场长达10年的特洛伊战争。

由于为人间盗得火种而被判在悬崖峭壁长期受苦的普罗米修斯，则永远戴着一只铁环，并镶上一块高加索山的石片，使宙斯夸耀说他的仇人仍然被锁在高山之上。

但是后来，希腊人改变了看法，因为奥林匹斯山上冰封雪裹，云雾环绕，并不是诸神的理想居住之所。又根据他们的航海经验，得知希腊并不是世界的正中，那么奥林匹斯山当然就更不是全球的中心，所以那些神衹也就不可能居住在奥林匹斯山上。加之当希腊人登上巍峨的奥林匹斯山时，想到那些神衹就近在咫尺，随时可见，也并不是一件很吉祥的事，于是渐渐地改变了自己的看法。他们开始认为他们想象中的奥林匹斯山远在天边，诸神居住在那个遥不可及的远方，具有更神圣的魅力。

但无论怎样，在希腊人的心目中，奥林匹斯山仍是一处无可比拟的神圣而美丽的所在。

著名雕塑家米隆的名作——《掷铁饼者》

奥运会的发源地

古希腊人深信，是居住在奥林匹斯山上的众神创造了奥运会。居住在奥林匹斯山上的天神宙斯主宰着天地万物，他摔跤赢了科罗诺斯；阿波罗拳击打败了阿里斯，在跑步中超过了赫尔墨斯……

最早的竞赛项目只是200码短跑，大约是182米。后来逐渐增加了摔跤、掷铁饼、投标枪、赛马和赛车等项目。

每一个竞赛优胜者都要戴上桂冠，戴着桂冠的优胜者被当作神来崇拜，最著名的诗人向他们奉献赞美诗，第一流的艺术家为他们在奥林匹亚建造纪念雕像。优胜者的家乡把他们当作出征凯旋的英雄来欢迎，有的城市还故意把城墙打开一个缺口，让他们像征服者那样进城。

人们为了表达对普罗米修斯的敬意，1928 年第 9 届奥运会在荷兰阿姆斯特丹举行时，组委会举行了点燃火炬和圣火接力传送活动。1934 年，国际奥委会正式决定，从第 11 届奥运会起举行圣火传递仪式，取火种仪式在奥林匹亚赫拉神殿旁举行，然后以接力形式向奥运会会场传递。象征光明、勇敢、团结和友谊的奥运火炬已成为奥林匹克运动的象征，它使不同肤色的人们为了同一个目标走到一起。

景色秀丽的“神仙洞府”

奥林匹斯山和希腊其他地方的山明显不同，长年云雾缭绕、高耸入云，一年之中有 2/3 的时间被皑皑白雪所覆盖，其最高峰直插入云，巍峨秀丽。山上到处是参天的古树和直穿云天的奇松，山坡上的橡树、栗树、山毛榉、梧桐和松林郁郁苍苍，景色十分优美。古希腊人把这美妙的地方想象为众神的居住地，大概也是基于这个原因吧。

奥林匹斯山上有 1700 多种植物、100 多种鸟类、30 多种动物。有 20 多种植物只生长在奥林匹斯山上，这些特色给这座美丽的高山增添了诸多魅力。

雅典娜女神像

巍峨的山峰让人们感觉仿佛能够触摸到高远的天空。高大的神殿、雕刻精美的石像更是让人敬畏之情油然而生。站在奥林匹斯山顶，人、神、大自然仿佛融为了一体，因而前去“朝圣”的游客终年如织。耸立的高山、终年不化的积雪更是受到户外爱好者的青睐。

擎天之柱

阿特拉斯山脉

赭红色山岩建造出的阿特拉斯山区小镇

阿特拉斯山脉位于非洲西北部，长约 1800 千米，其最高峰为图卜卡勒山，海拔 4165 米。

阿特拉斯山脉是一条褶皱山脉，分南北两支。

北支位于摩洛哥境内，称里夫阿特拉斯，海拔约 2000 米，东至阿尔及利亚和突尼斯境内，称泰勒阿特拉斯，西窄东宽，最高峰朱尔朱拉山海拔 2308 米。

南支西部称摩洛哥阿特拉斯山，由大阿特拉斯、中阿特拉斯和外阿特拉斯等山组成，海拔多在 2000 米以上，东延至阿尔及利亚境内，称撒哈拉阿特拉斯，其高度稍低。撒哈拉阿特拉斯和泰勒阿特拉斯之间为旭特高原，东西长 700 千米，平均海拔 1000 米以上。

阿特拉斯神之山

古希腊神话中有一个叫阿特拉斯的巨神，他身躯高大、力量无穷，无人可比，堪当擎天之柱，能使交合的天地分开。

阿特拉斯神是为人类盗得火种的普罗米修斯的兄弟，阿特拉斯曾同其他神一起反对宙斯，失败后，宙斯命令他站在西方天地相合的地方，用双肩扛着天空。后来，希腊英雄珀尔修斯杀死蛇发女妖梅杜莎，途经阿特拉斯王国时，想在阿特拉斯的几个女儿和巨龙看守的金苹果树园中过一夜。阿特拉斯担心他的宝物被偷，就将他逐出宫殿。珀尔修斯非常生气，就把梅杜莎的头取出来，所有看到梅杜莎头的人都化做了石头。

阿特拉斯山下安逸的“天堂”——摩洛哥

阿特拉斯也未能幸免，他一见到梅杜莎的头，身躯立即变成了一座大山，须发变成了广阔的森林，他的双肩、双手和骨头变成了山脊，头变成了高入云端的山峰，这就是非洲著名的阿特拉斯山脉。

复杂的地质构造

阿特拉斯山脉大体呈东北—西南走向，从摩洛哥大西洋岸经阿尔及利亚到突尼斯的舍里克半岛延伸约 1800 千米，南北最宽处约 450 千米，由中生代和第三纪沉积岩褶皱而成，构造较复杂。包括几条平行山脉以及从西向东逐渐变窄的若干山间高原、深谷和盆地。

在远古时代，由于欧洲、非洲和北美洲相连，阿特拉斯山脉在地质上是阿巴拉契亚造山运动的一部分。山脉在非洲和北美洲相撞时形成，当时远比今日的喜马拉雅山脉要高。

大阿特拉斯（高阿特拉斯）山体最为高大，位于摩洛哥境内，海拔一般在 3000 米以上，最高峰是图卜卡勒山并有许多高峰陡峭挺立，是由中新世后喷出的安山岩构成；东延至阿尔及利亚境内，称撒哈拉阿特拉斯，高度略低，是阿尔及利亚北部和南部撒哈拉地区间的界线；至突尼斯境内称贝萨山和突尼斯山，地势起伏不大，表现为丘陵和高原。

阿特拉斯山脉的生态资源

整个阿特拉斯山区森林面积约 8 万平方千米，高原内，盐沼众多，盛产阿尔法草，主要分布在比较湿润的北坡，特产栓皮栎以及绿栎、雪松等。

横亘摩洛哥全境的阿特拉斯山一隅

月亮山，尼罗河的源头

鲁文佐里山脉

鲁文佐里山脉约形成于200万年以前。它西南—东北绵亘约96千米，沿刚果（金）和乌干达两国边界延伸。因为这里雨、雾甚多，一年中山峰笼罩在云雾中多达300天，终日雨雾弥漫的天气，让人觉得雨像是从山中来的一样，当地人称它是“会造雨的山”。

位于热带，却戴着一顶“雪帽子”的鲁文佐里山脉。

正在消逝的冰川

虽然距离赤道仅48千米，但鲁文佐里山脉却终年戴着银白色的雪冠，显得尤为美丽动人，也因此而引人注目。其最高点是玛格丽塔峰，海拔5109米。

一个世纪以前，人们首次测量鲁文佐里山脉冰川时，估计其整个覆盖面积达6.5平方千米。但由英国伦敦大学学院、乌干达马克里尔大学和乌干达水资源管理部门联合进行的实地调查和卫星测量后发现，这里的一些冰川正以每年几十米的速度迅速后退。1987—2003年，鲁文佐里山脉冰川地区已被一分为二，而冰川面积也已缩小到约1平方千米。研究人员担心，这些奇异而美丽的冰川将会在20年内彻底消失。

非洲大陆在全球燃烧矿物燃料而排放温室气体的过程中所施影响微乎其微，但却成为了遭受全球变暖打击最沉重的大陆。

大型动植物的博物馆

鲁文佐里山脉生态环境的变化幅度很大，山脚下覆盖着茂密的草地，再往上，草地让位给高大的森林。在海拔 3000 多米以上的区域，雨林为亚高山沼泽所取代，占优势的是苔草和粗劣的生草地以及由刺柏和罗汉松组成的疏林。

鲁文佐里山区生存着的，无论动物还是植物，几乎都比其他地方长的尺寸至少大 1 倍。鲁文佐里山的蚯蚓与人的拇指一样粗，长达 1 米。这里的黑猪是非洲野猪中的庞然大物，重约 160 千克，站立时从脚到肩部的高度能达到 1 米。山上的竹子高达 9~15 米，而且生长密集，阳光都穿不透它；蓑衣草竟高达 1.8 米；这里的优势树种——雪松、樟树和罗汉松，生长高度更是高达 49 米。

动植物学家分析认为，这里的动植物之所以长得特别高大，是因为这里有独特的酸性土壤和充沛的雨量、充足的阳光。

鲁文佐里山脉中有着一个复杂多样的动物区系。这里有 30 多种地方性鸟类（如奇异的红头鹦鹉和蓝冠蕉鹃等）以及 14 种蝴蝶。在森林中常能见到它们像彩色的闪光一样划过。高大的森林也是多种哺乳动物之家，包括象、黑犀牛、小羚羊以及肯尼亚林羚、黑疣猴、白疣猴和丛猴、獾㹢狓（长颈鹿的亲属）。

山地森林中最著名的栖居动物当数身形硕大的山地大猩猩了，它是该地的特有种类。现今尚存的野生种不足 700 只，它正遭受着直接迫害和丧失生态环境的双重灾难。三只角的变色龙是鲁文佐里山脉中最奇特的动物之一，当地人认为它会带来恶运，因此对它敬而远之。另一种奇特的动物是蹄兔，外形像兔，但是，蹄取代了爪子，当与同类相遇或受惊时，它甚至会高声尖叫。

鲁文佐里山中的山地大猩猩

鲁文佐里山附近生活着很多大象

"非洲屋脊"

乞力马扎罗山

赤道雪峰——乞力马扎罗山

乞力马扎罗山位于非洲东部，坦桑尼亚东北部，邻近肯尼亚边境，东西延伸约 80 千米。是唯一与大裂谷断裂活动有关的死火山群，由 3 座主要火山组成，其中基博峰是位于中央的年轻火山锥，海拔 5895 米，为非洲第一高峰，火山口在其顶峰南侧，保存完好，直径 2400 米，深 200 多米，其中有一个由火山灰形成的内锥。

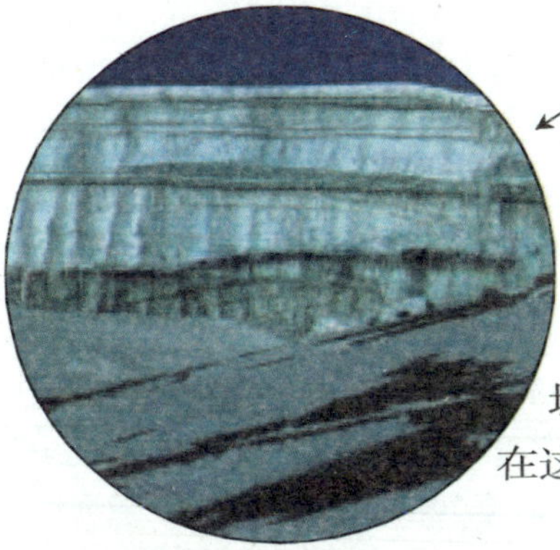

保存完好的巨大火山口

神秘而迷人的山岳

辽阔的非洲古大陆整体上是一块古老的高原，在这高原之上，沙漠广布，坦荡而辽阔。乞力马扎罗山便兀然地耸立在这高原上，气度非凡。

乞力马扎罗山是一座仍在活动的休眠火山，5200 米以上的山顶永久被冰雪覆盖，成为世界罕见的赤道雪山奇观。基博峰顶部的巨大火山口内，四壁是晶莹无瑕的巨大冰层，底部耸立着巨大的冰柱，冰雪覆盖，宛如硕大的玉盆。

1.1 万年来乞力马扎罗山的峰顶一直被皑皑白雪所覆盖，世人根本没有机会见识它的真面目。不过日前一个环境组织提供的照片却显示，乞力马扎罗山峰顶的冰河与积雪正在融化，渐渐露出了它的真实面目，专家把这一现象归咎于全球气候的变暖。

乞力马扎罗山在坦桑尼亚人心中无比神圣，他们对乞力马扎罗山敬若神明，敬畏地称它是“草原之帆”。

乞力马扎罗国家公园

乞力马扎罗国家公园建于 1968 年，它位于坦桑尼亚境内，在海拔 1800 米到乞力马扎罗峰顶之间，面积 756 平方千米。因其独特的自然景观以及公园内存在的众多珍稀的动植物资源，在 1979 年被列入世界遗产名录。

山上的植被呈垂直分布，具有生长热带、温带和寒带植物的多种环境条件，山上山下景色迥然不同。树木线以下是高大而苍茫浓绿、盘根错节的热带雨林，许多树木高达 10 米以上。巨蟒似的藤蔓植物缠绕在苍老的罗汉松和樟树躯干上，枝头倒悬、布满绿色帘幕般的厚厚的苍苔；还有一种名叫木布雷的珍贵硬木，需要长达 90 年的时间才能成材，据称永远不会腐烂。地面上，山溪潺潺流过，发出淙淙水声；山坡上覆盖着肥沃的火山灰，生长着茂密茁壮的甘蔗、茶树、剑麻、香蕉、咖啡……海拔 2900 米以上的地域则是单一的高山灌木和草丛。最后雪线以上只有苔原和冰原，上面是白雪覆盖着的山峰和蜿蜒逶迤的巨大冰川，白茫茫一片。

公园内还栖息着包括热、温、寒三带的多种野生动物，如大象、蓝猴以及阿拉伯羚、大角斑羚等，其中不少属于濒危物种和稀有物种。

非洲最危险的火山

尼拉贡戈火山

尼拉贡戈火山位于刚果（金）北基伍省省会戈马市以北 10 千米，南纬 1.52°，东经 29.25°，海拔 3470 米，是非洲中部维龙加火山群中的活火山之一，也是非洲最危险的火山。

地质特色

尼拉贡戈火山地处东非大裂谷，是维龙加火山群中的一个，含丰富的金刚石矿。从地图上看，大裂谷的低洼地带由一系列狭长的湖泊——马拉维湖、坦噶尼喀湖、基伍湖、艾伯特湖等以及包括非洲唯一的活火山维龙加火山群在内的一系列的火山所构成。

沉重灾难

尼拉贡戈火山的火山口直径 2000 米，深 244 米，底部有熔岩平台和熔岩湖。1948 年、1972 年、1975 年、1977 年和 1986 年都发生过猛烈喷发。其中，1977 年 1 月火山喷发在近半小时内就造成约 2000 人死亡。

2002 年 1 月 17 日，尼拉贡戈火山再度爆发，近 10 万名戈马市居民被迫逃离家园。尼拉贡戈火山这次喷发出的岩浆是从山坡上的三个裂口流出，岩浆摧毁了沿路数十座房屋。戈马市 80%的建筑物和供水系统等大量基础设施遭毁。这次火山爆发给当地居民的生活带来极大不便，没有足够的自来水供给，也没有足够的隐蔽处。人们纷纷逃离该市，路上有很多与父母失散的孩子。联合国官员估计火山所喷出的熔岩直接或间接地造成 100 多人丧命。

欧洲最高峰 →

厄尔布鲁士山

厄尔布鲁士山位于欧、亚两洲交界处的俄罗斯和格鲁吉亚边界的高加索地区。厄尔布鲁士山是欧洲最高峰，在俄罗斯境内，最高海拔 5642 米，由两座死火山锥组成。库班河发源于此。雪线在海拔 3200~3500 米的地方。有冰川 50 余条（面积 134.5 平方千米），是著名的山地滑雪场及旅游胜地。

危险的“睡美人”

在苏联 1980 年出版的《苏联百科词典》关于“厄尔布鲁士山”的词条中，曾称它为死火山。可是俄罗斯科学家通过多年来对高加索冰川的研究，竟得出一个意想不到的结论：厄尔布鲁士山是一座活火山。它目前只是暂时沉寂，貌似一个“睡美人”，可它随时都会喷发，它的喷发将会引发严重的灾害。

如果熔岩从厄尔布鲁士山表面喷出，无疑将具有很大的危险性。当温度接近1100℃高温时，已化开的熔岩到达地表，就会出现最可怕的灾难。厄尔布鲁士山上面积达140平方千米的冰川将骤然溶化，烧得滚烫的水裹着碎石会以100千米/时的速度向山下奔泻，冲下厄尔布鲁士山附近一带的峡谷，注入马尔卡河和巴克桑河，把沿途的居民点和道路都冲刷得一干二净。

厄尔布鲁士山位于黑海和里海之间，这里有不少工业高度集中的城市，还有不少有潜在危险的企业，因此如果火山喷发，其后果将不堪设想。而且这并不是科学家们的无端臆测。这里远古时代就曾发生过类似的悲剧，火山学学家曾在马尔卡河两岸发现了不少蓄水湖的遗址。当然，那时候不会造成太严重的后果。

令人神往的滑雪胜地

厄尔布鲁士山是俄罗斯最大的山地滑雪旅游胜地之一，它的雪线北坡是在海拔3200米、南坡则在3500米的地方。周围共有77条大小冰川，总面积达到140平方千米。冰川末端溢出的溶水，形成了周围数以百计的溪流。

冬季结束后，雪线以上的积雪厚度通常在30~60厘米，有时甚至达到3米深，在这里可以长年进行滑雪。因此一个时期以来，俄罗斯官方和民间都予以高度的重视，从20世纪60年代起就着手兴建滑雪场。经过数十年的经营，这里现在已经开发成为一个体育、运动、旅游各种设施兼备的登山活动基地和观光滑雪运动中心。

厄尔布鲁士山上皑皑的白雪令无数滑雪爱好者心驰神往

宝岛雪域

玉山

气势磅礴的"台湾屋脊"——玉山山脉

巍峨挺拔的玉山山脉耸立在中国台湾岛中央偏南，在南投信义乡、嘉义关凤乡及高雄桃源乡交汇处。北起三貂角，南接屏东平原，西连阿里山，东与中央山脉高峰大水窟山、秀姑峦山遥遥相望，气势磅礴，冠绝东南，是登山游览胜地，被誉为"台湾屋脊"。主峰玉山海拔 3997 米，为台湾第一高峰，也是中国东南部最高峰。加之东、南、西、北四座高峰，人称"五岳朝天"，除西峰外，海拔都在 3000 米以上。玉山南北两侧是千仞峭壁，西侧绝壑深沟，东侧则是碎石陡坡。每年登上玉山山顶者数以万计，但能登玉山主峰者却少之又少，因为主峰与东峰之间的山崖似刀劈斧砍，直上直下，十分难行。

丰富的生态资源

玉山之美，美在山势挺拔，尤其是主峰有王者之尊：站在山巅，但见群山如丘，河溪如带，远望太平洋，回首台湾海峡，只觉天地相接，浩气无穷；玉山之美，美在常年积雪，远望如玉。

玉山之美，美在它的奇峰：玉山群峰空兀峥嵘，高插云外，从不同角度观赏各座山峰，千姿百态，其趣各异；玉山之美，美在云瀑、日出、林涛：玉山高耸云天，山巅常常云遮雾罩，白云迷漫，或散或簇，千变万化，有时聚集成群，越岫而生，飘荡不定，宛若瀑布，谓之云瀑；玉山之美，美在奇葩异卉：山麓、平原布满香清、箭竹、白桔木和高山杜鹃，每年3至7月是野生杜鹃盛开期，处处可见颜色、品种不同的杜鹃。尤其是每年五六月间，满山遍谷盛开着硕大洁白的玉山杜鹃，把高山装扮得犹如仙镜一般。

玉山日出因有积雪映照而别有韵味，看那巨轮遥升，万道金光，把皑皑白雪染成五彩，闪出熠亮的光辉，好像整座玉山是用琼瑶、珍珠和钻石堆砌而成。玉山多树，从山麓到山顶依次生长着热带、亚热带、温带、寒带等不同气候带的树木，海拔2000米以下为原始森林。微风吹来，飒飒有声，若遇大风大雨，则林涛喧哗，山谷隆隆，响声彻耳，令人惊叹不已。

1985年成立的玉山国家森林公园，是典型的也是台湾最大的亚热带高山地区公园。区内蕴藏了丰富的生态资源。其原始林相和稀有野生物，随着地形、地质、气候的递变，呈现多样貌，为台湾地区最完整的生态环境。据统计有28种哺乳动物，占台湾省所有哺乳动物的1/2；其中有8种为台湾特有种，包括高山白腹鼠、台湾森鼠、台湾猕猴、台湾烟尖鼠、宽吻鼯蝙、刺鼠、台湾田鼠及台湾鳞鲤、台湾黑熊、梅花鹿3种濒临绝种的动物。此外，还有108种鸟类，186种蝴蝶，17种爬虫类，12种两栖动物。其中山椒鱼是冰河时期遗留的生物，目前只生存于高海拔山区，属于珍稀生物。

主峰玉山海拔3997米，为台湾第一高峰，也是中国东南部最高峰。

宝贵的人文资源

玉山为台湾布农族的圣山，邹族语称玉山“为八通关（Pattonkan）”。另外，居住于玉山之下的另外一支原住民曹族，则称呼玉山为Panguno Rakaso，皆是“石英山”的意思，盖因冬季时山头积雪反光，状似石英玻璃般闪烁之故。

玉山公园的八通关古道遗迹和东埔一带尚留有完整的山地布农族文化，是极富文化价值的人文资源。八通关古道建于1875年，是清朝统治时期所建横贯台湾本岛东西部的三条道路之一，也是目前仅存的一条。该古道西起林杞埔（今南投县竹山镇），东至璞石阁（今花莲县玉里镇）。

2 奇峡美瀑

峡谷是地球最奇特的皱纹，它们生命长短不一，但都深刻而美丽。峡谷可能不是最富饶、最适合人类生存之地，但是峡谷壁上岩层中所显示的地球历史刻度是它们无可取代的价值所在。

瀑布是水在峡谷中奔流，遇上了陡峭的地形，翻越悬崖峭壁时形成的，所以瀑布又称为跌水。地势越陡、水量越大，瀑布越壮观。世界上大多数的瀑布都是如此形成的。

无论是峡谷还是瀑布，都以其宏伟壮丽，如磁石般吸引着人们走进它们，融入大自然的奇观。

人类最后的秘境

雅鲁藏布大峡谷

雅鲁藏布大峡谷位于“世界屋脊”青藏高原上，长达 504.6 千米，险峻幽深，侵蚀下切达 6009 米。具有从高山冰雪带到低河谷热带季雨林等九个垂直自然带，是世界山地垂直自然带最齐全、完整的地方，这里麇集了许多生物资源，包括青藏高原已知高等植物种类的 2/3、已知哺乳动物的 1/2、已知昆虫种类的 4/5 以及中国已知大型真菌的 3/5，堪称世界之最。

航拍壮美的雅鲁藏布大峡谷

大峡谷的形成

雅鲁藏布大峡谷怀抱南迦巴瓦峰地区的高山峻岭，冰封雪冻，它劈开青藏高原与印度洋水汽交往的山地屏障，像一条长长的湿舌，向高原内部源源不断输送水汽，使青藏高原东南部由此成为一片绿色世界。但雅鲁藏布大峡谷环境恶劣、灾害频繁，是人们很难跨越的屏障和鸿沟。1994 年，中国科学家组成一支考察队，进入雅鲁藏布大峡谷科学考察，由此才揭开了雅鲁藏布大峡谷的神秘面纱。

年轻的青藏高原何以形成如此奇丽、壮观的大峡谷？雅鲁藏布大峡谷形成的直接原因与该地区地壳 300 万年来的快速抬升及深部地质作用有关。15 万年以来，大峡谷地区的抬升速度达到每年 30 毫米，是世界抬升最快的地区之一。第四纪中，这里的山地发育过多次冰川作用，遗留下完整的古冰川U形谷，谷底平原密集的冰丘陵像一座座坟冢，这正是水汽通道特定环境下古冰川作用的堆积遗迹。在青藏高原上有一条绿色通道沿着布拉马普特拉河—雅鲁藏布江河谷一直向东南方向伸展，雅鲁藏布大峡谷就是这绿色通道的重要组成部分。深切的雅鲁藏布大峡谷宛如青藏高原东南部的一个绿色门户，面向着孟加拉湾和印度洋，为来自印度洋的暖湿气流提供了一条天然的通道。

大峡谷有两个基本特点：奇特的大拐弯和青藏高原最大的水汽通道，这两大特点构成了世界上珍奇的自然奇观，构成了最有特点的生态旅游资源：壮观、奇特、雄伟、秀美、原始、纯净、环境独特、资源无与伦比的丰富。前者最好从空中来立体观赏它，特别是一睹它那全景的壮观和秀丽。后者的水汽和热量为大峡谷地区带来神奇壮秀、变化无穷的自然风光。

珍贵的大自然博物馆

雅鲁藏布大峡谷的发现，被科学界称作是20世纪人类最重要的地理发现之一。经科学考察证实，雅鲁藏布大峡谷地带是世界上生物多样性最丰富的山地，是“植物类型天然博物馆”、“生物资源的基因宝库”。同时，因大峡谷处于印度洋板块和亚欧板块俯冲的东北挤角，因而地质现象多种多样，堪称罕见的“地质博物馆”。

“高深润幽、长险奇秀”。随着21世纪的到来，雅鲁藏布大峡谷展现在我们面前的会是一幅更为壮观的前景。它将不再是“藏于深闺无人识”的险山恶水，而是大自然奉献给人类的无价瑰宝。

雅鲁藏布大峡谷是大自然赐予中国人民最珍贵的礼物，也是全人类共同的自然文化遗产。

雅鲁藏布大峡谷沿岸的南迦巴瓦峰常年云雾缠身，不让外人窥见它的真面目，因此又被人们称为“羞女峰”。

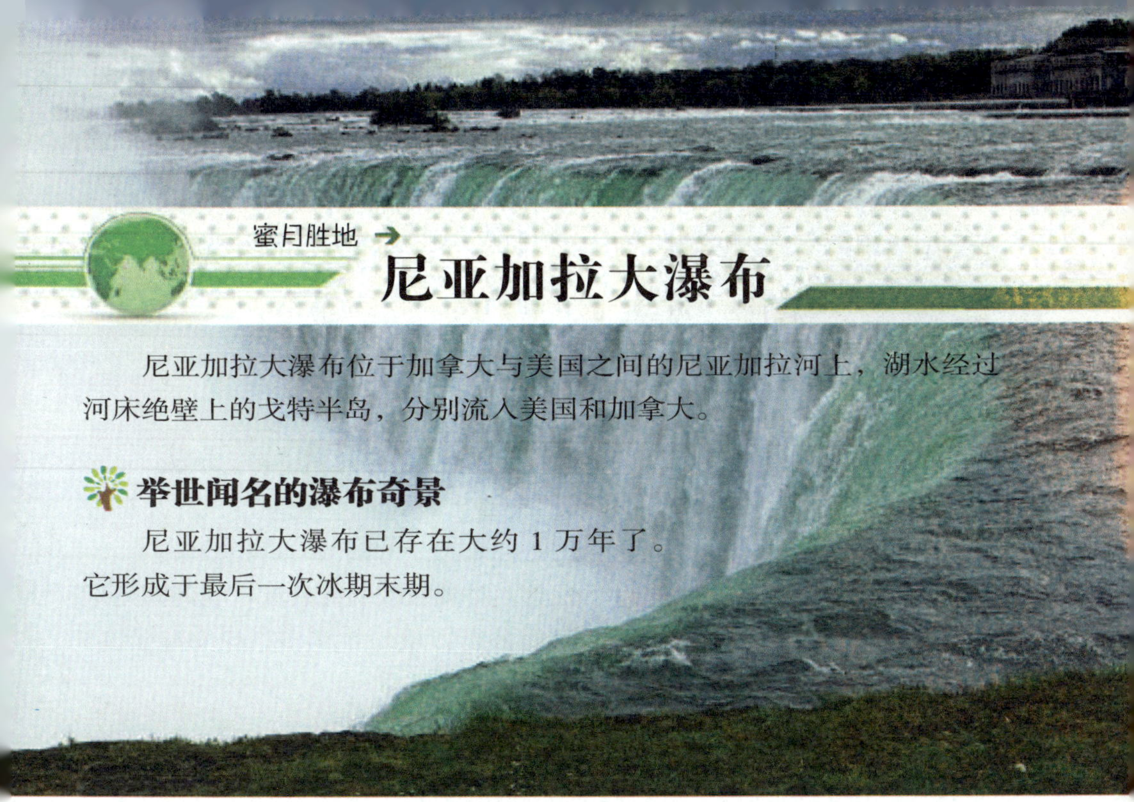

尼亚加拉大瀑布

尼亚加拉大瀑布位于加拿大与美国之间的尼亚加拉河上，湖水经过河床绝壁上的戈特半岛，分别流入美国和加拿大。

举世闻名的瀑布奇景

尼亚加拉大瀑布已存在大约 1 万年了。它形成于最后一次冰期末期。

尼亚加拉瀑布招牌“面孔”——马蹄瀑布

尼亚加拉河仅长 56 千米，上接海拔 174 米的伊利湖，下注海拔 75 米的安大略湖。这高达 99 米的落差，使得水流异常湍急，加上两湖之间横亘一道石灰岩断崖，水量丰富的尼亚加拉河经此处时骤然陡落，水势澎湃，声震如雷。

水从高处的伊利湖注入安大略湖，湖水经过河床绝壁上的半岛，分隔成两部分，分别流入美国和加拿大。从加拿大这边看是一大一小两个瀑布，比从美国方向看起来更壮阔、更漂亮。

大瀑布因其外表形成一个马蹄状而称“马蹄瀑布”。马蹄瀑布宽约 793 米，落差 49.4 米。水声震耳欲聋，水汽弥漫。当阳光灿烂时，大瀑布的水花上便会升起一座“七彩虹桥”。冬天时，瀑布表面会结一层薄薄的冰，那时，瀑布便会寂静下来。

小瀑布叫“亚美利加瀑布”，因其极为宽广细致，很像一层新娘的婚纱，又称“婚纱瀑布”。婚纱瀑布长约 305 米，落差 50.9 米。由于湖底是凸凹不平的岩石，因此水流呈漩涡状落下，与垂直而下的大瀑布大异其趣。

夜晚的尼亚加拉大瀑布则是另一番景象，在加拿大这一边，当地人还特地用各种颜色的灯光来映照尼亚加拉瀑布，因此瀑布的景象比白天更加多姿多彩。在灯光的辉映下，瀑布五彩缤纷波澜壮阔。尤其从天塔顶望去，到处流光溢彩。

夜色中美丽的尼亚加拉瀑布

观赏瀑布的几种最佳方法

要观赏尼亚加拉大瀑布，有几种方法，每一种都可欣赏到瀑布的独特面貌。

1. 想不弄湿衣服，而又欣赏到瀑布的全景，可以站到连接加、美两地的彩虹桥上，或是在维多利亚女皇公园，隔岸远观，瀑布的气势仍能领略到。

2. 要欣赏瀑布全景，最好的方法莫过于登上瀑布附近最高的建筑物——天塔，站到露天的观景台，俯瞰整个雄壮的景致。

3. 除了从高塔饱览瀑布盛景外，坐空中缆车横渡河谷上空，也是一个不错的选择，可在缆车上看到峡谷、急湍、漩涡等壮丽景象。

4. 想与瀑布来趟近身接触，最好穿上雨衣，从岩桌屋坐电梯深入地底，穿过隧道，到瀑布的后面感受瀑布打在身上的冰凉，听听瀑布如雷的冲击声。

5. 游览瀑布最受欢迎的一种方法是坐船由下游逆流而上。这种坐船游瀑布的旅程已有 150 年历史，船上会有雨衣提供给乘客，但无论你怎样小心，脸庞与鞋子都会湿透。开船后，先会经过婚纱瀑布，被瀑布弄湿一次。愈接近马蹄瀑布，山雨欲来的感觉就愈强烈。站在甲板上，澎湃的瀑布在你面前飞泻，震撼你的视觉与听觉。

宽阔而细腻的“婚纱瀑布”

美国的“兵马俑博物馆”

布莱斯峡谷

布莱斯峡谷位于美国西部的犹他州东南端的帕绍甘梯高原。犹他州南部的地形呈巨大的梯状，其顶部为布莱斯峡谷，海拔 2800 米，最底部深约 2439 米。1928 年，在这里建成了布莱斯峡谷国家公园，总面积为 151 平方千米。

美国的“兵马俑博物馆”——布莱斯峡谷

6000 万年前的内陆海

与其他峡谷不同，布莱斯峡谷是嶙峋的高原地貌，它并不是由河流切蚀而形成的。约 6000 万年以前，该地区淹没在水里，在漫长的地质年代中，由淤泥、沙砾和石灰逐渐堆积形成了约 600 米厚的沉积物。大约 1000 万年前，地壳运动使得地面上升，水逐渐排去，庞大的岩床在上升过程中裂成块状，经风霜雨雪的侵蚀雕琢，逐渐形成了各种各样的奇形怪石。

岩石中含有各种金属成分，因此给一座座岩塔增添了奇异的色彩。尤其在日出和日落之时，这一群群矗立的岩石被温暖的阳光涂抹得分外绚烂。

美国的“兵马俑”

美轮美奂的布莱斯峡谷风景

在晴天看到的布莱斯峡谷，与暴风雪中看到的景象是截然不同的。站在公园的最高观景点放眼望去，千千万万根石柱组成的阵容，气势磅礴，气派非凡，静止之中却蕴含着一种强大的“势”，就像是千军万马，整装待发，只等将军一声令下，就会冲出峡谷，任敌人多么强大，在这庞大的阵容面前也会胆战心惊。

它令人想起中国的秦始皇兵马俑。兵马俑所呈现的是人类的伟大和智慧，而布莱斯峡谷石柱阵所展现的却是大自然的威力和奇迹。

这些石柱，有的冲天而起，有的呈螺旋状盘旋向上，有的像是英武的士兵，有的又像是含羞的少女。神奇的布莱斯峡谷经过千百年的风雨，冲刷出千百个优雅的小山尖，尽管它们看上去如此相似，但仍然展现给世界最美丽的风景。

布莱斯峡谷有两个观看日出和日落的景点，日落时，整个石柱群在夕阳的照射下，会呈现出鲜红而通透的颜色，瑰丽无比。

通红似火的峡谷里怪石嶙峋，有些高达 610 米。大大小小的尖塔看起来如一尊尊人偶，走在其中，感觉好似永远出不去的迷宫；而这整个像是经过奇妙布阵的区域，则被称作不祥之地。

在印第安传说里，那些石头原本是可以变成人形的邪恶动物，后来被土狼收服变成了石头。直到今天，它们作为守护者，仍然屹立在神秘的布莱斯峡谷。

天堂之水 →

伊瓜苏瀑布

伊瓜苏瀑布景象壮观的半环形瀑布群一景

伊瓜苏瀑布位于巴西与阿根廷两国的界河伊瓜苏河下游，距伊瓜苏河与巴拉那河汇流点约 23 千米。河水顺倒 U 形峡谷的顶部和两边向下直泻，凸出的岩石将奔腾而下的河水切割成大大小小 275 个瀑布，形成一个壮观的半环形瀑布群，宽约 3000~4000 米，落差 60~82 米。1984 年，联合国教科文组织将其列为世界自然遗产。

壮美的“群居”瀑布

1542 年，一位西班牙传教士在南美巴拉那河流域的热带雨林中，意外地遇到了伊瓜苏大瀑布：层层叠叠的瀑布环绕着一个马蹄形峡谷咆哮着倾泻而下，激起的水雾弥漫在密林上空，奔流而下的水流声几千米外都能听见。

从不同地点、不同方向、不同高度，看到的伊瓜苏瀑布景象各不相同。峡谷顶部是瀑布的中心，水流大而猛，人称“魔鬼喉”。气势宏伟的“魔鬼喉”在阿根廷一侧看，要从上往下看，9 股水流咆哮而下，惊心动魄，同时还可望见环形瀑布群的全景；在巴西一侧，要从下往上看，水幕自天而降，另有一番感受。

地球上的“大伤疤”

东非大裂谷

气势恢弘的东非大裂谷

这条总长约 7000 千米，平均宽 48~65 千米，位于非洲东部纵贯非洲大陆东部的大裂谷，跨越赤道南北，南起赞比西河河口，向北至马拉维湖北端，分为东西两支。东支为一系列小湖泊和洼地呈串珠状相连，西支沿坦噶尼喀湖、基伍湖、爱德华湖、艾伯特湖等狭长的大湖延续成带。裂谷两侧是陡峭的断崖，谷底与断崖顶部的高度差从几百米到二千米不等。

地质奇观

东非裂谷带地形复杂，千姿百态。有的高峰矗立，层峦叠嶂；有的峡谷含幽，景色秀美。裂谷带火山林立，多姿多彩。在众多的火山中有不曾活动的死火山，也有 20 世纪还曾爆发过的活火山。其中最为著名的有乞力马扎罗山和位于肯尼亚境内的肯尼亚火山。坦桑尼亚境内的梅鲁火山是一座活火山，曾于 1953 年爆发过。这里最为壮观的活火山应数位于基伍湖以北的尼拉贡戈火山。这座火山海拔只有 3470 米，但火山上空终年笼罩着浓烟，方圆几十里都可闻到刺鼻的硫磺气味。火山口里有一个充满高温熔岩的岩浆湖，湖中岩浆犹如钢水，时而热浪翻滚，火光冲天，时而轰鸣大作，响彻云霄，真可谓世上少有的奇观。

在肯尼亚境内，裂谷的轮廓非常清晰，它纵贯南北，将这个国家劈为两半，恰好与“横穿”全国的赤道相交叉，因此，肯尼亚获得了一个十分有趣的称号——“东非十字架”。裂谷两侧，断壁悬崖，山峦起伏，犹如高耸的两垛墙，首都内罗毕就坐落在裂谷南端的东“墙”上方。

登上悬崖，放眼望去，只见裂谷底部松柏叠翠、深不可测。东非裂谷带两侧的高原上分布有众多的火山，如乞力马扎罗山、肯尼亚山、尼拉贡戈火山等。东非大裂谷还是一座巨型天然蓄水池，非洲大部分湖泊都集中在这里，大大小小约有30个，其中坦噶尼喀湖南北长720千米，东西宽48~70千米，是世界上最狭长的湖泊，最高水深达1455米，仅次于亚洲北部的贝加尔湖，为世界第二深湖。

生物资源的多样性

裂谷所在一带是东非高原，也是非洲地势最高的地方。气候温和凉爽，雨量充沛，山清水秀，物产丰富，盛产茶叶、咖啡、水果、除虫菊、俞麻等。在这里，咖啡豆一年可以采摘两次，茶叶一年内有9个多月时间可以每半个月采摘一次，除虫菊全年中可以每10~14天采摘一次。

裂谷带的湖泊，水色湛蓝，是旅游观光的胜地。而且湖区水量丰富，湖滨土地肥沃，植被茂盛，野生动物众多，大象、河马、非洲狮、犀牛、羚羊、狐狼、红鹤、秃鹫等都在这里栖息。

在东非大裂谷众多的鸟类之中，有一种火烈鸟，它被称为是世界上最漂亮的鸟。一般情况下，会有5万多只火烈鸟聚集在湖区，最多时可达到15万只。当成千上万只鸟儿在湖面上飞翔或者在湖畔栖息时，远远望去，宛如一片红霞，非常壮观。

有些国家将这些地方辟为野生动物园或者野生动物自然保护区。位于肯尼亚峡谷省省会纳库鲁近郊的纳库鲁湖，是一个鸟类资源丰富的湖泊，有鸟类400多种，是肯尼亚重点保护的国家公园。

“霹雳之雾”→

维多利亚瀑布

位于非洲南部的赞比西河，是继尼罗河、刚果河、尼日尔河之后的非洲大陆第四大河流。维多利亚瀑布位于赞比西河中游，它和南美的伊瓜苏瀑布、北美的尼亚加拉瀑布合称世界著名的三大瀑布。

维多利亚瀑布实际上是一个规模甚大的瀑布群，自西向东在峭壁上排列着 7 条共近百米的瀑布。维多利亚瀑布无论是在宽度、落差还是在水量上都是居于世界前列的。

雄奇的瀑布奔流而下，腾起的水雾令人如临仙境一般。

独具特色的瀑布

维多利亚瀑布最宽处达 1690 米。河流跌落处的悬崖对面又是一道悬崖，两者相隔仅 75 米，其间是狭窄的峡谷，水在这里形成一个名为“沸腾锅”的巨大漩涡，顺着 72 千米长的峡谷流去。维多利亚瀑布实际上分为 5 段：东瀑布、彩虹瀑布（这里峡谷最深）、魔鬼瀑布、新月形的马蹄瀑布和主瀑布（高 60~100 米）。

维多利亚瀑布最具特色的还是它的水雾。当赞比西河河水充盈时，每秒 7500 立方米的水汹涌越过维多利亚瀑布，奔入玄武岩海峡。水量如此之大，且下冲力如此之强，以致水花飞溅，远达 40 千米外均可以看到。水雾形成的彩虹远隔 20 千米以外就能看到。

高空俯瞰雾气缭绕的维多利亚瀑布

飞架于急流之上的刀刃桥

独特的景观

赞比西河流经赞比亚与津巴布韦边界时，两岸草原起伏，树木零星散布着，河流浩浩荡荡前进，并无出现巨变的迹象。这一段是河的中游，河面宽达 1.6 千米，水流舒缓。

赞比西河接近瀑布时，河水在巴托卡峡谷突然折转向南，从悬崖边缘气势磅礴地飞泻而下，跌入狭窄嶙峋的陡峭深谷，形成壮丽无比的水帘。整个瀑布被巴托卡峡谷上端水面的 4 个岛屿“撕”为 5 段。

最西一段被称为魔鬼瀑布，该地段宽度只有 30 多米，水流湍急，以排山倒海之势直落深谷，轰鸣声震耳欲聋。即使旱季也气势不减。与魔鬼瀑布相邻的是流量最大的主瀑布，高约 93 米。主瀑布东边是南玛卡布瓦岛，旧名利文斯通岛，因当年英国传教士利文斯通曾到达此岛而得名。而南玛卡布瓦岛东边的一段瀑布被称作“马蹄瀑布”。再向东，便是维多利亚大瀑布的最高段，此段峡谷之间水雾飞溅，常有绚丽的彩虹出现，因而被称为“彩虹瀑布”。最东面的是“东瀑布”，它在旱季时往往是陡崖峭壁，雨季才挂上素练般的瀑布。

在大瀑布的第一道峡谷东侧，有一条南北走向的峡谷，宽仅 60 余米，整个赞比西河的巨流就从这个峡谷中翻滚呼啸而出，水沫腾空最高达 300 米。此地有处景观叫“刀尖角”，是突出于峡谷之中的三角形半岛，该半岛中途骤然收窄，直至成刀尖点。从刀尖角到对岸有 30 多米的间隔，在 1969 年建有一座宽 2 米的小铁桥用来沟通峡谷两岸。铁桥飞架在急流之上，名叫“刀刃桥”。当漫天的巨涛从前面扑来，万丈巨崖都在抖动，壮丽且撼人心魄。

3 绝色湖泊

湖泊是陆地上面积较大的有水洼地，它们是地球上淡水资源的主要来源之一。湖泊的分布很不均匀，往往有集中连片的特点。例如，我国的青藏高原和长江中下游平原是我国两大湖泊分布区。

根据湖泊所在流域特点，可将湖泊分为外流湖和内流湖。外流湖在外流区，基本上是淡水湖；内流湖在内流区，基本上是咸水湖。世界上最大的淡水湖是苏必利尔湖，面积为 8.21 万平方千米；世界上最大的咸水湖是里海，面积是 36.8 万平方千米。

西天瑶池

玛旁雍错

玛旁雍错位于神山冈仁波钦以南，纳木那尼雪峰北侧，海拔 4588 米，面积 412 平方千米，湖水最深约 80 米，是中国最高的淡水湖之一。天气晴朗时湖水碧蓝，微波荡漾，白云雪峰倒映其中，湖周围远山隐约可见，景色奇美。

蓝天白云下的玛旁雍错圣湖宁静、清澈。

“四水之源”的圣湖

圣湖有四大浴门：东为莲花浴门，南为香甜浴门，西为去污浴门，北为信仰浴门。楚古寺周围被尊为圣洁的浴场。

圣湖四面还有四水之源：东面是马泉河，北面是狮泉河，西面是象泉河，南面是孔雀河。以天国中的马、狮、象、孔雀四种神物命名的这四条河，分别又是南亚著名的恒河、印度河、萨特累季河和雅鲁藏布江的源头。

除了对朝圣者非同寻常的意义之外，玛旁雍错作为圣湖之王，对一般旅行观光的游客来说，也是一个不容错过的好地方。且不说那些流传千古的神话传说，单是它超凡脱俗的秀丽景色，就足以令每个经过沿途跋涉之苦的人心醉神迷了。

为尊重和保护我国西藏各地和邻国教徒的宗教信仰，中国政府从 20 世纪 50 年代开始就制定了相关规定，同印度、尼泊尔等邻国签订了允许信教徒入境朝圣的有关条文及事项。1997 年，中国国务院就西藏阿里地区对外开放朝圣事宜进一步做出了明确规定，更加方便了来自世界各地的教徒的朝圣活动。

世界之巅上的“天湖”→

纳木错

纳木错，位于中国西藏自治区的中部，西藏拉萨市以北当雄、班戈两县之间。约有 3/5 的湖面在那曲地区的班戈县内，2/5 的湖面在拉萨市的当雄县内。湖的南面是雄伟壮丽的念青唐古拉山，北侧和西北侧是起伏和缓的藏北高原。湖面海拔 4718 米，从湖东岸到西岸全长 70 多千米，由南岸到北岸宽 30 多千米，总面积为 1900 多平方千米。

圣洁的纳木错湖畔经幡飞扬、风起云涌

天堂之水

纳木错湖在藏语中意为“天湖”，在蒙古语中称“腾格里海”，腾格里在蒙古语中意为“天”。纳木错湖是藏传佛教的著名圣地，与玛旁雍错和羊卓雍错并称为是西藏三大圣湖。

纳木错的湖水来源主要是天然降水和高山融冰化雪补给，湖水不能外流，是西藏第一大内陆湖。湖区降水很少，日照强烈、水分蒸发较大。湖水苦咸，不能饮用，是中国仅次于青海湖的第二大咸水湖，也是世界上海拔最高的咸水湖。沿湖有不少大小溪流注入，湖水清澈透明，湖面呈天蓝色，水天相融，浑然一体。由于气候高寒，冬季湖面结冰很厚，至翌年 5 月开始融化，融化时裂冰发出巨响，声传数里，亦为一自然奇景。

纳木错的资源相当丰富，蕴藏着丰富的矿产，例如食盐、碱、芒硝、硼等，藏量均很大。湖中盛产鱼类，细鳞鱼和无鳞鱼成群结队在湖里游弋，主要是鲤科的裂腹鱼和鳅科的条鳅。

夏天的纳木错最为欢腾喧闹，野牦牛、岩羊、野兔等野生动物在广阔的草滩上吃草；无数候鸟从南方飞来，在岛上和湖滨产卵、孵化、哺育后代；湖中的鱼群不时会跃出水面，阳光下银鳞闪烁；牧人扬鞭跃马，牛羊涌动如天上飘落的云彩，高亢、悠扬的歌声在山谷间回响。幽静安谧的纳木错生机勃勃，意趣盎然。难怪藏族人民要把纳木错看作是美好、幸福的象征了。纳木错确实是大自然的一份厚赐。

宗教圣地

纳木错的形状像静卧的金刚度母，湖的南面有乌龟梁、孔雀梁等 18 道梁，湖的北面有黄鸭岛、鹏鸟岛等 18 个岛，湖的四面建有 4 座寺庙：东有扎西多波切寺，南有古尔琼白玛寺，西有多加寺，北有恰妥寺，象征着佛教上所说的愠、怒、权、势。这些寺庙的墙壁上有许多自然形成的佛像，被善男信女视为必去的神圣之地，从古到今香客不断。

纳木错湖边的佛塔

相传这里是密宗本尊胜乐金刚的道场，信徒们尊其为四大威猛湖之一。公元 12 世纪末，藏传佛教达隆嘎举派创始人达隆塘、巴扎西贝等高僧曾到湖上修习密宗要法，并始创羊年环绕纳木灵湖之举。每到羊年，诸佛、菩萨、护法神会集在纳木错设坛，大兴法会。此时如人前往朝拜转湖念经一次，便能得到渊博的知识和无量功德，并舍去恶习及痛苦，修得正果，其福无量。胜过平时朝礼转湖念经 10 万次。因此每到羊年，僧俗信徒都会不惜长途跋涉，前去转湖。每到藏历羊年 4~5 月份的萨葛达瓦节期间，这一活动会达到高潮。每有教徒经过这里，总会投下一颗石子，因此纳木错畔玛尼堆遍布。

东咸西淡的奇湖 →

巴尔喀什湖

注入巴尔喀什湖西部的伊犁河水

在世界众多的湖泊中，有这样一个湖泊，它的湖水一半是咸的，一半是淡的，这就是巴尔喀什湖。巴尔喀什湖的湖面海拔 340 米，湖区狭长，东西长 605 千米，南北宽 9~74 千米，面积 1.8 万 ~1.9 万平方千米，随水位高低而变化。湖水很浅，最大深度为 26 米，蓄水量约 112 立方千米。

不可思议的湖水

巴尔喀什湖东半部的湖水是咸的，而西半部的湖水却是淡的。原因是，从巴尔喀什湖所处的地理位置来看，该湖地处中亚腹地，气候极度干燥，降水稀少，蒸发旺盛，本应形成内陆咸水湖泊。

但是，巴尔喀什湖有其特殊之处：

其一，在湖泊西半部，发源于天山山脉的伊犁河自东而西注入该湖。伊犁河源远流长，水量较大，构成巴尔喀什湖主要水源。而湖泊东半部却没有大河注入，其蒸发量大大超过河水补给的数量。这就是造成巴尔喀什湖东西两半部咸淡明显不同的根本原因。

其二，巴尔喀什湖东西狭长。从地图上量算，东西长约 600 千米，南北最窄处仅十几千米。这就影响湖水水体的交换，东部的咸水和西部的淡水间无法很好地相互交流。这是巴尔喀什湖水东西两半部不同的又一个原因。因此，巴尔喀什湖在世界内陆湖泊中是一种十分罕见的湖泊。

雪山中的热湖

伊塞克湖

伊塞克湖，在吉尔吉斯语中意为“热湖”，中国古称“热海”、“清池”及“图斯池”。伊塞克湖虽然地处高寒，但终年不冻，与周围积雪的峰峦对照鲜明，人们称它为“热海”。此外，由于它那蓝宝石般的清澈湖水而叫做“清池”；又因湖水含盐量较高，味咸，又叫“图斯池”（布鲁特语，意为盐池）。

伊塞克湖湖面海拔 1608 米，东西长 178 千米，南北宽 58 千米，最宽处约 60 千米，平均深度 278 米，最大深度 702 米。面积 6236 平方千米，湖水容积 1738 立方千米。在世界上海拔超过 1200 米的高山湖中，伊塞克湖的面积仅次于南美的的的喀喀湖，但其深度居世界第一位，是世界上较大的高山湖之一。周围有 50 多条小河注入，但湖水不外流。湖水主要靠雪水补给。

高山不冻湖

伊塞克湖盆区气候冬季温和，夏季干热，年降水量 250 毫米，而水面年蒸发量达 700 毫米。近 200 年来湖面下降，同 1886 年相比，已下降了 4 米。湖水位年变幅达 10~50 厘米，8~9 月为高水位期，2~3 月为低水位期。湖水盐度较高（5.8‰），不易封冻，为高山不冻湖。

伊塞克湖是一个内陆湖泊，是地壳断裂陷落形成的，经常发生的地震和广泛分布的温泉表明这里的地壳运动至今还在继续。

湖底古城堡遗迹

伊塞克湖底确实有古城堡遗迹，考古学家们已从湖底打捞出一些古代的生活用品和古钱币，经鉴定是成吉思汗时代的物品。

对伊塞克湖底秘密的猜想和推测越来越多，最具爆炸力的猜测是：成吉思汗的墓地在湖底。吉尔吉斯不少历史学家和考古专家支持这一推断。当年这一地区是成吉思汗儿子的属地。据说，成吉思汗去世后，其后人秘密地将成吉思汗的遗体和众多的财宝运到湖区，并制作巨大的石棺，将遗体和财宝装入其中并沉入湖底。然后将其他财宝藏在伊塞克湖地区的山谷中，引泉水将它们掩藏起来。后来所有参与引水工程的人都被杀死了，藏宝的秘密至今也没有被揭开。

湖区资源

伊塞克湖地区盛行西风，此外，刮着一种像沿海地带所特有的海陆风，当地居民称之软风。这种软风往往可以在几十分钟内发生激烈变化，变成强烈的暴风，这时，伊塞克湖面顿时浊浪排空，把渔船吹到湖中心，像树叶那样漂来漂去。

在伊塞克湖的沿岸地区，广泛引用注入此湖的河水，发展灌溉农业。在这里盛产以冬小麦为主的粮食作物及苹果、葡萄等水果；药用罂粟种植较广，养羊业及乳、肉兼用，养牛业也较发达。湖内有 20 多种鱼类，主要有雅罗鱼、裸黄瓜鱼、罗汉鱼及鲤鱼等，年渔获量 900 吨左右。

药用罂粟的果实

伊塞克湖周围地区气候宜人，宁静、深蓝色的湖水与两侧的雪山和云杉林交相辉映，风景优美。在长约 597 千米的湖岸上，约有半数以上为美丽的沙岸；湖泥中含有丰富的微量元素，对风湿及关节痛等多种疾病均有很好的疗效；环湖周围的山区，空气清新，阳光充足，温泉及矿泉水资源丰富，是理想的疗养地。此外，山区还可辟为高山滑雪场。从 20 世纪 70 年代起，这里修建了一系列旅游、疗养设施。

伊塞克湖湖内可定期航运，周围建有环湖公路。主要湖港有雷巴奇耶和普尔热瓦利斯克。湖岸地带建有伊塞克自然保护区，面积为 7020 平方千米，其中伊塞克湖水域占 6120 平方千米。

西伯利亚“明眸”

贝加尔湖

贝加尔湖湖水清冽怡人，有“西伯利亚明眸”之美誉。

贝加尔湖位于俄罗斯东西伯利亚南部，中国古称“北海”，曾是我国古代北方民族主要活动地区，“苏武牧羊”典故中的放牧处即指此地。

贝加尔湖狭长弯曲，长 636 千米，平均宽 48 千米，最宽处 79.4 千米，好似弯弯的月亮镶嵌在东西伯利亚的崇山峻岭之中。贝加尔湖面积约 3.15 万平方千米，居世界第八位。贝加尔湖总容积 2.3 万立方千米，占全球淡水湖总蓄水量的 1/5。

蓄水量世界第一

科学家们曾假设：若无其他河流注入贝加尔湖，而以安加拉河（贝加尔湖唯一一条出水口）目前的年平均流量流出，需 40 年才能把贝加尔湖水流干；若全世界的主要河流均向贝加尔湖注入，则约需 1 年时间才能灌满，该湖的水可供 50 亿人饮用半个世纪。

贝加尔湖位于一个很深的构造地带，四周高山围绕，有的山高出湖面 2000 米，湖底沉积层厚达 6100 米。地壳运动尚在继续，偶有强烈地震发生。1862 年的一次地震淹没了色楞格河三角洲北部约 200 平方千米的土地，使贝加尔湖出现了一个称为普罗瓦尔的新湾。地壳断裂处不断有新的热泉产生。

湖底谷地两岸地形不对称，西岸为陡坡，东岸坡势较缓。8%的湖底很浅，仅 50 米深。曲折的湖岸线总长 2100 千米。东岸有一半岛伸入湖中，名圣角。湖中有 27 个岛屿，最大的是奥尔洪岛（面积 725 平方千米）。湖区气候比周围地区温和得多。1~2 月气温平均为 -20℃左右。湖面通常在 1 月结冰，5 月解冻。表面水温在 8 月约为 13℃，湖水浅处达 20℃。浪高可达 4.6 米。湖水清冽，水深 40 米处清晰可见。矿物质和盐分含量很少。

贝加尔湖海豹是目前世界上唯一一种可在淡水里生存的海豹。

生物资源丰富

贝加尔湖蕴藏着丰富的生物资源，是俄罗斯的主要渔场之一，在不同深度共有 1200 多种动物，在水面或接近水面处有大约 600 种植物，其中 3／4 是贝加尔湖特有的品种，这种优势是世界其他湖泊无法相比的，尤其使科学家们感兴趣的是生物的古老性。贝加尔湖约有 50 种鱼，分属 7 科，最多的是杜父鱼科的 25 种杜父鱼。大马哈鱼的数量很大。唯一的哺乳动物是贝加尔海豹。有一种贝加尔特产湖鱼，名为胎生贝湖鱼，属胎生贝湖鱼科，由母鱼直接产下仔鱼。贝加尔湖流域还生活着 320 多种鸟类。

贝加尔湖是淡水湖，但湖里却生活着许许多多地道的海洋生物，如海豹、海螺、海绵、龙虾等。贝加尔湖底还有 1~1.5 米高像丛林似的海绵，这在其他湖泊里是找不到的，奇形怪状的龙虾就藏在这个“丛林”里。一般鲟鱼都生活在沿海，而贝加尔湖的鲟鱼已经完全变成淡水鱼了。在欧洲的典型湖泊中，通常只有几种端足类动物（虾状甲壳动物）和扁虫，而贝加尔湖却有 200 多种端足动物和 80 多种扁虫。有些种类还十分奇特，如最近发现的一些端足类动物杂色斑驳，与环境色彩混为一体；同时，还有人在湖中捕到体长达 38 厘米的巨扁虫。

贝加尔湖的野生动物，最引人注目的当数淡水海豹了。它们数量众多，喜欢成群结队活动。但是，贝加尔湖海豹是怎样来到这个湖中定居的，至今还是个谜。

非洲第一大淡水湖

维多利亚湖

维多利亚湖流域多湖湾，湖岸线较为曲折。湖面宽广，周围地势低，起伏不大。

1860 年，英国探险家约翰·汉宁·斯皮克在今坦桑尼亚、乌干达和肯尼亚三国交界处考察尼罗河的源头时，看到一个形如茫茫大海的湖泊，惊讶不已，就以当时英国女王维多利亚的名字将其命名为维多利亚湖。

维多利亚湖是由凹陷盆地形成的。位于东非两条大裂谷之间的平坦盆地上，在乌干达、肯尼亚和坦桑尼亚三国接界处，赤道横贯其北部。

维多利亚湖湖面海拔 1134 米，南北最长处 380 千米，东西最宽处 240 千米，面积 6.9 万平方千米，是仅次于北美洲苏必利尔湖的世界第二大淡水湖。维多利亚湖湖岸曲折，湖岸线长达 7000 多千米，平均水深 40 米，最深处 80 米。湖滨地势起伏不大，以丘陵、平原为主。西岸陡峻，其他三面低平。湖岸北部有里本瀑布，排水量达每秒 600 立方米，是白尼罗河的水源。湖中岛屿星罗棋布，岛屿总面积近 6000 平方千米。湖区集水面积约 24 万平方千米，有卡盖拉河、马拉河等注入；蓄水量 2518 立方千米。巨大的水体对沿湖地区气候起着显著的调节作用；湖区多雷雨，并在大气下层盛行偏东气流，使湖西岸成为东非著名的多雨区。由于维多利亚湖周围气候温和，雨水充足，土地肥沃，农业生产很发达，广泛种植着谷子、玉米、豆子等。湖周围森林茂密，牧草丰富，野生动物繁多，狮子、大象、豹子、犀牛、斑马、长颈鹿等，到处可见，可谓是集非洲热带野生动物之大成。

沙漠中的水晶珠 →

图尔卡纳湖

图尔卡纳湖，旧名卢多尔夫湖，这是西方殖民主义者给它取的一个名字，卢多尔夫是奥地利王太子的名字。

图尔卡纳湖夕阳下唯美的景色

图尔卡纳湖湖区呈狭长的条带状，南北伸延 256 千米，向北直达埃塞俄比亚边界，东西宽 50~60 千米，湖区面积约 7000 平方千米，湖面海拔 375 米，湖水最深部分在湖区南端，达 120 米左右。湖心有南、中、北并列的 3 个小岛，岛上长满了翠绿的草丛。

非洲野生动物的乐园

图尔卡纳湖中水产丰富，鱼的种类很多，个头也很大，有的鱼可长约数米，重达数百千克。在这里，游人们可以租渔船进入湖区撒网捕鱼，通常，满载而归的游人们会将与自己身躯相当的大鱼挂在木架上，自己站在鱼旁合影留作永久纪念。

由于湖区四周多火山，土质肥沃，生长着茂密的树林和牧草，草丛中栖身着成群的羚羊、斑马、野鹿等动物。白天，湖区四周一片寂静；一到黄昏，羚羊纷纷从草丛中钻出来，斑马也追逐嘶叫着来到湖边饮水，湖边顿时热闹起来。

图尔卡纳湖留给人们最深的印象是，湖中的鳄鱼既多又大，有时近百条鳄鱼聚集在一起，简直是一个鳄鱼的“极乐世界”。大的有 10 多米长，而且性情凶猛，气势逼人。当人们乘汽艇游览在湖区时，随着轰隆

的马达声，湖中的鳄鱼和河马纷纷游出水面，围着汽艇追前跑后，尽情嬉戏，个别勇敢者竟然还袭击汽艇。鳄鱼还经常成群地爬到岸边草丛里，张着大嘴悄悄地等候，一旦有动物和人经过，便猛扑过去。然而湖岸的居民也正是利用鳄鱼的这个特点，有意识地将活羊驱赶到湖边来诱捕鳄鱼，再用鳄鱼的皮制成坚实美观的皮革品。

图尔卡纳湖中的大鳄鱼

朴实的马赛族居民

图尔卡纳湖沿岸，主要居民是马赛族人。马赛族是东非闻名的一个民族。这个民族，无论男女都在耳朵上带着大耳环，脖子上挂着一圈圈各种颜色的串珠，手臂和腿上缠着密集的铜丝圈，男子卷曲的头发上戴着醒目的发饰，而妇女则一律剃着光头……马赛族人不仅在装束方面别具一格，而且性格勇猛顽强，待人憨厚朴实，他们之中所沿袭的一些风俗习惯对民俗学者及游客更具吸引力。

马赛族人现有人口 30 多万，以游牧业为生，没有一个固定的住处，成年奔波在北起图尔卡纳湖，南到坦桑尼亚中部这一广阔地带，因而有人称他们是“东非的吉卜赛人”。

图尔卡纳湖的主要居民是马赛族人

4 名川大河

翻开大自然繁衍生息的时光画卷，寻觅人类文明发展的历史进程，我们发现，一条条奔流的江河，不仅是生灵万物的天然母体，是不同文明的孕育之源，更是哺育一个国家经济文化繁荣的脐带、一个民族生生不息的血脉。

中国西北边陲的“大漠水乡”

额尔齐斯河

额尔齐斯河是我国唯一入北冰洋水系的外流河，自东向西流。它源于我国阿尔泰山南坡，山间两支源头喀依尔特河和库依尔特河汇合后成为额尔齐斯河，自东南向西北奔流出国。

大漠水乡

额尔齐斯河河谷宽广，水势浩荡，年流量高达119亿立方米，河床中巨砾重叠，银波翻腾，河谷次生林宛若绿色的飘带，镶嵌在荒漠戈壁上。其中北屯河段的河谷次生林生长最为茂密，绵延成一片绿色海洋。

额尔齐斯河有“银水”之美称，沿岸风光壮美。额尔齐斯河下游的大支流布尔津河和哈巴河的河床中碧水茫茫，河谷中湖沼密布，水草丛生，阡陌相连，绿树成阴，呈现出一派“大漠水乡”的壮丽图景。

杨树基因库

沿额尔齐斯河两岸生长的杨树有上百种，主要树种有青杨、苦杨、银白杨、黑杨、额河杨、胡杨、白杨等。主要特点是品种多、生长快、林质好，有多种特殊用途。世界上五大杨树派系中的四大派系——青杨、白杨、胡杨、黑杨都集中在这里，特别是欧洲黑杨，因其数量少而倍加珍贵。

东方的“多瑙河”

澜沧江——湄公河

奔腾的澜沧江水从峡谷间流过

澜沧江—湄公河发源于中国青藏高原唐古拉山北麓拉寨共玛山海拔5167米的一座小冰川（关于它的发源，有多种记载）。它属于太平洋水系，干流全长达4688千米，流经中国、缅甸、老挝、泰国、柬埔寨、越南6国。在我国的河道里程长2354千米，其中在云南境内1247千米，从勐腊县南腊河口244号界桩处出境后，始称湄公河，流经其他上述5国后，最后在越南胡志明市附近注入太平洋。

澜沧江—湄公河流域总面积79.5万平方千米，以长度计为世界第六大河流。因其沿岸自然景观雄奇壮丽，民风民俗神秘迷人而素有“东方多瑙河”之称。从河源至河口，涵盖了除沙漠以外的气候环境的地表形态，包括冰川区的寒带、寒温带、温带、暖温带、亚热带、热带的干冷、干热和湿热多种气候带。

黄金水道

下游的湄公河是东南亚5国政治、经济、文化的大动脉，许多重要城市、港口和商贸重镇都坐落在湄公河畔。它的下游孕育了世界最大的粮仓——湄公河粮仓，闻名全球的四大米市均在湄公河畔。紧靠岸边的“金三角”，从前以种植、制造、贩卖鸦片而闻名于世，而今已变成泰国的旅游胜地，每年吸引着400多万游人前去观光。

湄公河和许多孕育了人类文明的大江一样，是多个国家的共同财富。据考察，我国西南和东南亚各国间，开展水陆联运比之双方绕道南海，运距可缩短3000多千米，运费可降低60%，运转时间可缩短一半以上。所以，这条天然的水上大动脉被誉为未来的“黄金水道”，沿江各国人民把它奉为“幸福之母”、“生命之江”。

美丽而宁静的湄公河河畔

丰富的生物资源

从青藏高原东南部到云南边境的澜沧江流域内植物种类繁多，其中木本植物超过5000种，能组成森林的约2000种，其中有三尖杉、油杉、藏柏、八宝树、柚木、云南松、望天树、红豆杉等珍贵树种；核桃、油茶、乌桕、香果、漆树、板栗、柑橘等经济林木；咖啡、椰子、波罗蜜、槟榔、芒果等热带经济林木。另外药用植物也高达2000多种，如三七、虫草、当归、茯苓、天麻等；观赏植物也超过了2000种，如山茶、杜鹃、龙胆、百合、木兰、兰花、绿绒蒿等；还有各种菌类150多种，香料植物300余种。

野生动物资源的种类也多不胜数，已知昆虫种类就达1.2万多种，脊椎动物种类约1800种。其中有蜂猴、滇金丝猴、亚洲象、野牛、长臂猿、灰叶猴、印支虎、南亚虎、鼷鹿、犀鸟、金钱豹、云豹、白尾梢红雉等51种国家一级保护动物。

据统计，全国共有高等植物2.6万多种，仅在澜沧江下游的西双版纳就有5000多种，超过全国高等植物总数的1/6。在列入国家重点保护的335种陆栖脊椎动物中，西双版纳就有129种，几乎占了2/5。中国绝大多数灵长类和灵猫类动物都集中分布在这里。这里的鸟类有427种，占全国鸟类总数的36%以上；有290种鱼类在中国仅见于云南。

恒河

恒河是印度第一大河，它发源于喜马拉雅山脉，全长 2580 千米，中、上游 2000 多千米在印度境内，下游 500 多千米在孟加拉国。

恒河流域

恒河有两个较大的源头，即阿勒格嫩达河和帕吉勒提河。两河上游急流汹涌，奔腾于喜马拉雅山间，地势由海拔 3150 米急降至海拔 300 米。两河在代沃布勒亚格附近汇合后始称恒河。穿过西瓦利山脉后，在古城哈德瓦附近进入平原，与其著名支流亚穆纳河结伴并排而行，流至安拉阿巴德时汇合，地势再降至海拔 120 米。由于恒河到此已沙多水浊，而亚穆纳河水深且清，结果褐色的恒河水与青色的亚穆纳河水形成十分明显的水线，以后逐渐交融混合。然后，恒河气势磅礴地流向印度宗教圣地瓦拉纳西，又集纳了许多支流（如哥格拉河、宋河、干达克河、古格里河等），河面宽阔，水流浩荡地奔向下游。进入孟加拉国后，恒河被称为帕德玛（意为荷花）河，分成数条支流，并汇合布拉马普特拉河，形成“丫”字形，最后注入孟加拉湾。就在这里，形成了世界上最大的三角洲——恒河三角洲。它的面积达 8 万平方千米，地势低平，海拔仅 10 米。这里河网密布，土壤肥沃，农业发达，是南亚次大陆水稻、小麦、玉米、黄麻、甘蔗等的重要种植区。布拉马普特拉河长约 1113 千米，水量充沛，河道亦极其稳定，上中游即雅鲁藏布江。恒河河口部分是大片红树林和沼泽地，称“松达班”，梵文意为“芳林”。

恒河晨浴

清晨，圣河中虔诚的洗浴。

恒河是印度教徒心目中的圣河，恒河之水可以涤罪攘祸，因而去恒河洗浴是印度教徒最向往的事情。最盛大的洗浴应当说是每12年一次的印度教的甘露庙会，每回参加洗浴的人数以千万计，平素里最壮观的还要数瓦拉纳西的恒河晨浴。

每当晨光熹微，成群的男女老少已经在瓦拉纳西的大街小巷中涌动。他们来到恒河之岸，在晨光中踏入神圣的恒河。有的双手合十，面向太阳默祷；有的则不停地屏息潜入水中，唯恐这圣水不能涤清自己的罪孽；印度教祭司以及光着上身的虔诚信徒在岸边的石上闭目打坐；打着哆嗦的孩子们在父母的水罐之下接受泼头的冲洗；穿着纱丽的妇女们洗浴完毕，竟然能够在这如潮人海中换上干衣，而不让自己的身体暴露丝毫……

夜晚，游人们把一盏盏河灯放入河中，恒河变成了暗蓝的银河，满布数不清的繁星。

卡德火葬

恒河岸边有两个卡德（码头）专门用于焚烧尸体，青烟袅袅，火光闪闪。印度教教徒认为，这里是全国最神圣的火葬场，因为他们相信：湿婆神常在这里巡视。凡是在这里火化的人，可以免除轮回之苦，径直升入梵界，与梵合一。印度教教义认为，人在实现梵人合一之前，要经历许多磨难。今世为人，下世可能为畜，要视修行而定。只有功德圆满者才能升入梵界，不再转世。为了能直接进入梵界，家属们千里迢迢把亲人的遗体运到这里。有的病人干脆在河边等死，以求最后的解脱。恒河沿岸的人在临死之前也不忘嘱咐后人要把其骨灰撒入恒河，因为那里是他们至上的归宿。

欧洲运输动脉

莱茵河

莱茵河发源于瑞士阿尔卑斯山圣哥达峰下，自南向北奔流，流经瑞士、列支敦士登、奥地利、德国、法国、荷兰等国，于鹿特丹港附近注入北海。全长1320千米，流域面积22.4万平方千米。古往今来，美丽的莱茵河使众多作家、诗人、音乐家和艺术家为之倾倒。它是目前世界内河航运最发达的国际河流。

莱茵河沿岸清幽的古堡

上游资源

莱茵河从河源到瑞士的巴塞尔为上游。源地涓涓的河水先向北流入博登湖，再向西流出后，有阿勒河汇入，流到瑞士西北边境城市巴塞尔。上游穿行于山地高原之间，地形崎岖，坡陡谷深，水流湍急，瀑布众多，河水主要靠山地冰川和积雪补给，春夏冰融雪化，水量增加，6~7月份水量达到最高峰。

奔腾的河水蕴藏着丰富的水力资源，干支流上已建成许多水电站。巴塞尔是瑞士这个内陆国家唯一对外联系的港口，瑞士的大部分对外贸易经过这里。巴塞尔是瑞士仅次于苏黎世的第二大城市，虽然其医药、染料、香脂、化纤、塑料等化学工业发达，但仍然保持了古城的幽静和安宁，一些街道两旁的房舍，一两百年前的风格依旧：古城堡，古教堂，昔日的小旅舍、小酒店依然古香古色，成为旅游者寻幽访古之处。

目前，瑞士正致力于莱茵河上游水利资源的开发，使它适于航运。一个庞大的计划是开凿几条运河，通过瑞士境内的阿勒河，把莱茵河与苏黎世湖、纳沙泰尔湖与洛桑一带的莱蒙湖都连接在一起，构成一个内河航运网。待这一工程完工之后，瑞士——这一世界著名的旅游之国，风光将会更加绮丽。

中游的明珠——斯图加特

德国境内莱茵河支流内卡河畔的斯图加特，坐落在群山环抱、林木苍翠的河谷之中，是一个著名的文化城市，这里集中了德国的许多高等学校。由于国际书展在此举行，又使其有“书城”的美名。该城工业发达，是全国最重要的综合性机械制造工业中心之一。这里生产的钟表占德国的85%，闻名世界的“奔驰”汽车总部就设在这里。

莱茵河沿岸一座座风格迥异的古建筑见证着莱茵河的过往与未来。

下游的“欧洲引擎”——鲁尔

莱茵河自波恩以下至入海口为下游，河水流经北德平原和比荷低地，地势低平，水流通畅，在荷兰境内形成广大的河口三角洲，并分成多支汊注入北海。这里属温带海洋性气候，季节分配比较均匀，降水丰沛，水量常年丰富，为航运提供了有利条件。这里拥有现代化的工业和农业。

地跨莱茵河右岸支流鲁尔河两岸的鲁尔工业区，煤炭资源丰富，工业用水充足，特别是莱茵河及其支流便利的水运条件，促进了鲁尔工业区的发展。鲁尔工业区面积仅有4500多平方千米，却集中了德国90%的煤炭业，2／3的钢铁业。鲁尔工业区人口稠密，城市鳞次栉比，著名的城市有埃森、多特蒙德、杜伊斯堡等。它是德国的心脏，也是西欧重要工业区之一，被称为“欧洲的引擎”。

欧洲大地上的“蓝飘带”

多瑙河

维也纳城中施特劳斯的金色塑像

多瑙河是一条著名的国际河流，它发源于德国西南部黑林山东麓海拔 679 米的地方，自西向东流经奥地利、斯洛伐克、匈牙利、克罗地亚、塞尔维亚、保加利亚、罗马尼亚、乌克兰等国家后，流入黑海。多瑙河全长 2850 千米，是世界上流经国家最多的河流，也是欧洲第二大河。

多愁善感的你，
温柔而美丽，
似矿坑中闪光的黄金，
真理在此孕育。
在多瑙河旁，
美丽的蓝色的多瑙河旁。

香甜的鲜花吐芳，
抚慰我心中的阴影和创伤，
灌木丛中花儿依然开放，
夜莺歌喉啼啭。
在多瑙河旁，
美丽的蓝色的多瑙河旁。

这是诗人卡尔·贝克的诗句，一首赞颂多瑙河的青春和美丽的诗篇。“圆舞曲之王”约翰·施特劳斯就在这种意境的感染下，写出了充满活力、抒情优美的《蓝色多瑙河圆舞曲》。

欧洲美丽的地质、生物实验室

多瑙河像一条蓝色的飘带蜿蜒在欧洲大地上，沿途接纳了 300 多条大小支流，形成的流域面积达 81.7 万平方千米，比中国的黄河还要大，河口年平均流量为每秒 6430 立方米，入海水量 203 立方千米。从源头到维也纳是多瑙河的上游，多瑙河因在这里接纳了几条源自阿尔卑斯山融雪的支流而水量大增。从维也纳到铁门是河流的中游，这里河谷一般较宽，河床坡度不大，河道弯曲，多河汊。在贝尔格莱德以东的喀尔巴阡山中，形成了全长 130 千米的峡谷，著名的有卡桑峡、铁门等，水力资源丰富。自铁门以下至入海口为其下游，河段宽阔，水流平稳，进入海口处宽达 15~28 千米，航运业十分发达。这里还有大量的鸟类和奇特的浮岛，科学家因此称其为“欧洲最大的地质、生物实验室”。

多瑙河沿岸的秀美风光

色彩纷呈的多瑙河

人们把多瑙河称为“蓝色的多瑙河”，其实它是一条多彩的河。它的河水在一年中要变换 8 种颜色：6 天是棕色的，55 天是浊黄色的，38 天是浊绿色的，49 天是鲜绿色的，47 天是草绿色的，24 天是铁青色的，109 天是宝石绿的，37 天是深绿色的，真是一条奇特的变色河。多瑙河两岸有许多美丽的城市，她们像一颗颗璀璨的明珠，镶嵌在这条蓝色的飘带上。沿岸自然环境优美，到处是古老的教堂、别墅。

奥地利首都维也纳是上游的终点，多瑙河缓缓穿过市区，优美的维也纳森林伸展在市郊，郁郁葱葱，绿阴蔽日。维也纳因施特劳斯、莫扎特等音乐巨擘生活于此而闻名世界，享有“世界音乐名城”的盛誉。每年 6 月，这里都要举行隆重的音乐节。

布拉迪斯拉发位于多瑙河中游，是斯洛伐克首都，也是多瑙河航线上最大的港口之一，自古就是南、北欧洲间的通商要道。

位于匈牙利中央到东部一带的匈牙利大平原，面积约 5 万平方千米的区域，景致非常壮美。它北接山岳地带，西临多瑙河，南与塞尔维亚接壤，东边是罗马尼亚的国境。平原的平均高度约 108 米，属典型的大陆性气候，冬季严寒，夏天的正午酷热无比。草原上到处可以看见成群的牛羊和牧人。19 世纪的英雄诗人裴多菲形容匈牙利平原为“平原之海”。其首都布达佩斯更是被称为“多瑙河上的明珠”。

世界最大的内陆河

伏尔加河

伏尔加河发源于东欧平原西部的瓦尔代丘陵中的湖沼间，全长 3530 千米，最后注入里海，流域面积达 136 万平方千米，占东欧平原总面积的 1/3，是欧洲第一长河。伏尔加河河源处海拔仅有 228 米，而河口处低于海平面 28 米。从距河源不远的勒热夫算起，往下 3000 多千米的河段内，总落差仅有 190 米，因此河水流速缓慢，沙洲、浅滩、牛轭湖、废河道广为分布，是一条典型的平原河流。

美丽而广阔的伏尔加河

俄罗斯人民的母亲河

伏尔加河流域是俄罗斯最富庶的地区之一。千百年来，伏尔加河水滋润着沿岸数百万公顷肥沃的土地，养育着数千万俄罗斯各族儿女，因此俄罗斯人民把伏尔加河称为母亲河。伏尔加河的中北部是俄罗斯民族和文化的发祥地。

伏尔加河流域冬季寒冷漫长，积雪深厚。夏季，大量的积雪融水流入伏尔加河。冬季河面封冻，上游冰期长达 140 天，中下游约 90~100 天。

伏尔加河河口年平均流量达每秒 7710 立方米，平均每年有 255 立方千米的水注入里海，对里海湖水的水量平衡起着重要的调节作用。过去伏尔加河完全处于自然状态，水深仅 1.6~2.5 米，不仅通航不畅，其丰富的水力资源也未能加以利用。从 20 世纪 30 年代，人们对伏尔加河进行了大规模的整治开发，建立统一水深的航道网，修建了 14 座大型水利枢纽，对伏尔加河进行梯级开发，为城市生活、工农业生产提供了丰富而廉价的电力和水源。伏尔加河水力资源极为丰富，各电站总发电量达 400 多亿千瓦时。

巨大的运河网

过去，伏尔加河没有出海口，通过修筑白海—波罗的海运河、莫斯科运河、伏尔加河—顿河和伏尔加河—波罗的海运河，沟通了伏尔加河、卡马河、顿河、莫斯科河、涅瓦河及第聂伯河等河流，组成了俄罗斯欧洲地区统一深水网，使之南北纵横，东西相通，成为连接白海、波罗的海、黑海、亚速海和里海的重要航道，实现了“五海通航”。现在又修建了多瑙河—第聂伯河运河，使伏尔加河水系与多瑙河、莱茵河水系连接起来了。

伏尔加河虽是典型的平原河流，但却是俄罗斯欧洲部分最富水能资源的河流，水能资源蕴藏量约 2000 万千瓦。20 世纪 80 年代初，伏尔加河干流及卡马河上的 11 座梯级水电站的总装机容量就已达 1129.5 万千瓦，其中 100 万千瓦以上的大型水电站有伏尔加格勒、古比雪夫、切博克萨雷、萨拉托夫、下卡马和沃特金斯克 6 座，年平均发电量达 393 亿千瓦时。

伏尔加河流域的冬季漫长，上游冰期长达 140 天。

现在，伏尔加河流域是俄罗斯最重要的工农业生产基地之一。汽车、内河船舶、机床、电机、农机制造、石油开采、加工与石油化工以及轻纺工业等部门均居全俄首位。流域内人口百万以上的大城市有：莫斯科、下诺夫哥罗德、萨马拉、乌法、彼尔姆、喀山，伏尔加格勒与萨拉托夫也已接近 100 万人。20 世纪 60 年代兴起的陶里亚蒂市为全俄最大的汽车城，年产小汽车 70 万辆，并为全俄主要化肥生产中心。卡马河下游的纳别列日内—切尔内（原名勃列日涅夫城）是俄罗斯最大的大型载重汽车制造中心，下卡马斯克为俄罗斯著名的石油化工城。

埃及的灵魂 →

尼罗河

尼罗河发源于非洲东北部布隆迪高原，干支流流经卢旺达、布隆迪、坦桑尼亚、肯尼亚、乌干达、刚果（金）、苏丹、埃塞俄比亚和埃及等国，全长6671千米。最终注入地中海，是世界上最长、流经国家最多的国际性河流之一，也是非洲大地上唯一一条自南向北流淌的大河。

尼罗河由卡盖拉河、白尼罗河、青尼罗河三条河流汇流而成。尼罗河下游谷地尼罗河三角洲是人类文明的最早发源地之一，古埃及便诞生于此。至今，埃及仍有96%的人口和绝大部分工农业生产集中在这里，它是埃及的生命线。

壮阔的梯斯塞特瀑布

源头与支流

尼罗河有两个源头，一个发源于2621米的热带东非山区，叫白尼罗河。白尼罗河流经维多利亚湖、基奥加湖等庞大的湖区，穿过乌干达的丛林，经苏丹北上。尼罗河的另一个源头在海拔2000米的埃塞俄比亚高原，叫青尼罗河。青尼罗河全长680千米，它穿过塔纳湖，然后急转直下，形成一泻千里的水流，这就是非洲著名的大瀑布——梯斯塞特瀑布。

呼啸的青尼罗河冲入苏丹平原后与平静的白尼罗河相会，才是大家所熟悉的尼罗河。尼罗河流域分为七个大区：东非湖区高原、山岳河流区、白尼罗河区、青尼罗河区、阿特巴拉河区、喀土穆以北尼罗河区和尼罗河三角洲。

埃及古文化

尼罗河确实是埃及人民的生命源泉，她为沿岸人民积聚了大量的财富、缔造了古埃及文明。在尼罗河沿岸就有大大小小的金字塔70多座，犹如一篇篇浩繁的“史书”，记录着人类文明的奥秘与奇迹。

贯穿埃及全境的尼罗河灌溉着2.4万平方千米的土地。在沙漠占国土面积达96%的埃及，尼罗河就意味着生命。早在6000多年以前，埃及人的祖先就在尼罗河两岸繁衍生息。埃及流传着“埃及就是尼罗河，尼罗河就是埃及的母亲”的谚语。仅占国土面积3%的尼罗河谷和三角洲里，聚集着96%的埃及人。

尼罗河孕育出灿烂的古代文明，让这片神奇的土地更显出无与伦比的魅力。

古埃及人的生命系于尼罗河一线，但尼罗河绝非一条驯顺的河流，尼罗河有定期泛滥的特点，每年7月伊始，青尼罗河带着从山上冲刷而下的泥土如海啸般汇入干流，尼罗河因而水量大增。古埃及人一边焦急地关注着河水的变化，一边抬头向天祈祷。于是，他们依据尼罗河的涨落创造了闻名世界的“太阳历”。天狼星现身、大河开始泛滥的那一天即新年的第一天，至次年天狼星出现在同一位置为一年，恰好是365天。一年分为三个季节，分别是泛滥季、播种季、收割季，每一季又分为4个月，每月30天，年终另加5天作为祭祀神灵的节日。

洪水到来时，会漫过河床，洗去土壤的盐分，并把从上游带来的大量矿物质和有机物质沉积在两岸的田野里，给埃及的耕地施上一层天然的细肥。于是，尼罗河两岸绿油油的麦田和棉田、齐刷刷的柑橘林和香蕉林、青纱帐似的甘蔗田和玉米地等星罗棋布。在撒哈拉沙漠和阿拉伯沙漠的左右夹持中，蜿蜒的尼罗河犹如一条绿色的走廊，充满着无限的生机。

5

浩瀚海洋

海洋，是地球蓝色的“衣衫”。它使我们生存的星球在宇宙中如此与众不同。它是生命的摇篮、资源的宝库。为我们人类的生存和发展提供了巨大帮助和便利。

海洋，是天然的气候调节器。或大气磅礴、或奇幻诡异、或雷霆万钧、或平静安谧……

海洋，浩瀚而神奇。地球最广阔的乐土，只待你怀揣一颗虔诚的心前来膜拜。

世界第一大海湾

孟加拉湾

孟加拉湾得名于印度蒙古邦，总面积为217.2万平方千米，平均深度2586米，最深处达5258米。其中著名的岛屿有斯里兰卡岛、安达曼群岛、尼科巴群岛、普吉岛等。沿岸国家包括印度、孟加拉国、缅甸、泰国、斯里兰卡、马来西亚和印度尼西亚。印度和缅甸的一些主要河流均流入孟加拉湾，著名的大河有：恒河、布拉马普特拉河、伊洛瓦底江、萨尔温江、克里希纳河等。

孟加拉湾位于斯里兰卡一角

太平洋与印度洋之间的重要通道

孟加拉湾西嵌斯里兰卡，北临印度，东以缅甸和安达曼－尼科巴海脊为界，南以斯里兰卡南端之栋德勒角与苏门答腊西北端之乌累卢埃角的连线为界。安达曼－尼科巴海脊露出海面的部分，北有安达曼群岛，南为尼科巴群岛，把孟加拉湾与安达曼海分开。是太平洋和印度洋之间的重要通道。

孟加拉湾沿岸贸易发达，印度的加尔各答、孟加拉国的吉大港、缅甸的仰光、泰国的普吉、马来西亚的槟榔屿、印度尼西亚的班达亚齐、斯里兰卡的贾夫纳等著名港口均位于这一海域。

热带风暴气旋

热带风暴的发源地

孟加拉湾的表层环流受季风的强烈影响：春季和夏季，潮湿的西南风引起顺时针方向的环流；秋季和冬季，受东北风作用，转变为逆时针方向的环流。由于孟加拉湾的地形效应，导致各种作用力聚集，因而，潮差、静振和内波等现象均较显著。

孟加拉湾是热带风暴得以孕育的地方。一般认为，这种风暴大多发生在南、北纬5~25° 的热带海域。产生在西太平洋的热带风暴，常常袭击菲律宾、中国、日本等国的叫台风；产生在大西洋的热带风暴，常常袭击美国、墨西哥等国的叫飓风。

风景如画的普吉岛

海湾上的明珠——普吉岛

普吉岛形状似一颗椭圆的珍珠，是泰国南部最小的府城，但它却是泰国最大的海岛。它南北长 48 千米，东西宽 21 千米，面积与新加坡相近，占地共有 543 平方千米，距离首都曼谷 862 千米，是泰国境内唯一有行省辖治地区的岛屿。普吉岛的主要地形是绵延的山丘，在马来语中，“普吉”就是“山丘”的意思，岛上间或点缀着盆地，并有 39 个离岛。

围绕着普吉岛的是安达曼海的温暖海水、美丽的海滩、奇形怪状的小岛、钟乳石洞、天然洞窟等自然景观，再加上沿岸沙滩洁白、海水清澈湛蓝，海底世界美不胜收……所以称它为“热带天堂”、“世外桃源”一点也不为过。如今，普吉岛已经发展成为亚洲最著名的重要旅游点之一。

世界最大的海→

珊瑚海

在南太平洋，澳大利亚、巴布亚新几内亚、所罗门群岛、新赫布里底群岛、新喀里多尼亚岛及南纬 30° 线间，有一个五彩缤纷的海，叫珊瑚海。

珊瑚海北接所罗门海，南连塔斯曼海，面积近 500 万平方千米，是世界最大的海。它是太平洋的边缘海。众多的环礁岛、珊瑚石平台，像天女散花，繁星点点，散落在广阔的洋面上，因此得名珊瑚海。

随着海水妖娆摇曳着的珊瑚虫

珊瑚海海底，鱼儿们畅游其间。

因珊瑚而闻名

珊瑚看起来像植物，实际上是海洋里的一种低级动物。一块珊瑚，往往是成千上万亿个珊瑚虫的群体。活的珊瑚在海水中五光十色，堪称海底之花。

体形细小的珊瑚虫繁殖后代，大都采用分裂繁殖方式，繁殖速度惊人，它能迅速地一分为二，二分为四……转眼之间便能儿孙满堂。它们都在一块珊瑚体上，相互挤压着。也有的珊瑚虫进行有性生殖，通过精卵结合，生成浮游幼虫，由口道排出，随水漂流，遇到合适的地方，便附着站稳脚跟，发育成珊瑚虫，逐渐成长为群体。群体珊瑚繁殖很快，老的不断死去，留下骨骼，成为礁石；新的珊瑚虫，就在前辈的骨骼上继续攀登。这样前仆后继，筑起了一座座珊瑚礁石。大堡礁和其他环礁、岛礁也都是经过了这样的历程。

"美洲地中海"→

加勒比海

加勒比海面积为 275.4 万平方千米，平均水深 2490 米。最低点是古巴和牙买加之间的开曼海沟，深达 7680 米，也是世界上深度最大的陆间海之一。海区地壳很不稳定，四周多深海沟和火山地震带。

加勒比海沿岸以其独特的自然风光而成为世界最著名的旅游度假胜地之一。

海区的海流是由通过小安的列斯群岛后形成的大西洋北赤道流和南赤道流各一部分汇合形成的强大暖流，自东向西流贯整个加勒比海，最后从尤卡坦海峡流入墨西哥湾。加勒比海尤其是南美大陆西北部沿海受离岸风影响形成上升流，把海中营养物质带到表层，适宜浮游生物和鱼类繁育，成为拉丁美洲重要渔场，盛产金枪鱼、海龟、沙丁鱼、龙虾等。海区南部是石油产地。加勒比海是中美与南、北美洲交通、贸易航线的必经海区，1920 年巴拿马运河开通后，其成为沟通大西洋和太平洋的重要海上通道，大大促进了加勒比海沿岸 30 多个国家和地区的经济发展。

由于海底山脊的阻隔，来自南极的底层水不能进入，加勒比海底水温接近 4℃，而大西洋底水温则不到 2℃。表层海流主要通过南部安的列斯诸岛之间的水道和海峡进入加勒比海，然后在信风推动下越过加勒比海沿岸风光狭窄的犹加敦海峡进入墨西哥湾。这些风力驱动的表层海水堆积在犹加敦海盆和墨西哥湾，导致那里的海平面高于大西洋面，形成静水头，一般认为这就是墨西哥湾流的主要动力来源。

适宜的水温使加勒比海中生物品种繁多，图为加勒比海中盛产的大龙虾

珊瑚礁集中地

由于海区纬度低和暖流影响，海水表层水温高，常达27～28℃，高温利于浅滩和火山岛基座上繁殖珊瑚虫，因而海区分布着众多的珊瑚礁和珊瑚岛，使得加勒比海成为世界上最大的珊瑚礁集中地之一。其海域内多数岛屿属于珊瑚岛，风景秀丽，充满热带风情。

加勒比地区植被基本为热带植物。环绕潟湖和海湾长有浓密的红树林，沿海地带则生长有椰树林，各岛普遍生长仙人掌或雨林。珍禽异兽种类繁多。明媚的阳光、宜人的气候、优美的风景，已使该地区成为世界著名的度假胜地。

发展历史

公元前100年左右，阿拉瓦人从今天的委内瑞拉登上了加勒比海南端的群岛，他们慢慢地从南向北占据了大多数岛屿。1500年之后卡利勃人逐渐将阿拉瓦人驱逐走了。当葡萄牙人克里斯托弗·哥伦布来到美洲时，阿拉瓦人在大安的列斯群岛和巴哈马群岛居住，而卡利勃人则占据了小安的列斯群岛。

继西班牙人和葡萄牙人之后，英国、法国、荷兰和丹麦都陆续在这里建立了殖民地。16世纪加勒比海成为海盗的天堂。许多海盗甚至是由他们本国国王授权的，加勒比海上的众多小岛为他们提供了良好的躲藏地，而西班牙运送珠宝的舰队是他们的主要攻击对象。

加勒比海是沿岸国最多的大海。在全世界50多个海中，沿岸国达两位数的只有地中海和加勒比海，地中海有17个沿岸国，而加勒比海有20个。多数加勒比海岛屿在20世纪获得了自己的独立，但至今仍有大量海岛分属各个宗主国。

"不死"之湖

死海

在死海上，人们可以悠然地漂浮在海面上，尽情地享受温和的日光浴。

死海位于约旦同巴勒斯坦之间的西亚裂谷中，南北长 80 千米，东西最宽处约 18 千米，总面积约 1049 平方千米，是地球上海拔最低的内陆湖泊。

死海位于约旦—死海地沟的最低部，是东非大裂谷的北部延续部分。这是一块下沉的地壳，夹在两个平行的地质断层崖之间。死海位于沙漠中，降雨极少且不规则。

含盐量极高的死海

死海的含盐量极高，且越到湖底越高，在深水中达到饱和的氯化钠沉淀呈化石化。由于湖水含盐量极高，游泳者很容易浮起来。

在表层水中，每升的盐分就达 227~275 克，所以说，死海是一个大盐库。据估计，死海的总含盐量约有 130 亿吨。在这样的水中，除了细菌其他生物难以生存，岸边没有花草，湖区一片死寂，所以人们称之为"死海"。

但近年来科学家们发现，死海湖底的沉积物中有绿藻和细菌存在。

死海的北面有约旦河流入，南面有哈萨河流入，但是，却没有水道和海洋通连，湖里的水只进不出。由于死海地区炎热干燥，气温高，蒸发强烈，水分蒸发后盐分留了下来。天长日久，湖中积累的盐分越来越多，死海便变成世界上最咸的湖泊。含盐量高达 230‰~250‰，就是说每10千克湖水中含有2.3~2.5千克盐，是一般海水含盐量的7倍。每升海水中矿物质含量高达345克，主要成分为镁、钠、钾、钙。

由于含盐量较高，湖水的密度也较大，为1.172~1.227，超过了人体的密度，所以在死海中游泳的人平躺在水面上不会下沉，甚至可以躺在水面上静静地看书。

可以说，“死海”就是个大盐库。光是食盐的蕴藏量，据说就足够全世界50亿人吃2000年。此外，死海中还含有多种其他盐类，如氯化镁、氯化钙、氯化钾、溴化镁、溴化钾等，都是重要的化工原料。近年来，死海沿岸已兴建了一些化工厂开发这些宝贵的天然资源。

死海——巨大的盐库，海水含盐量极高，岸边也因此而失去了花草。

疗养的好去处

日照充足、负海拔和矿物质浓度极高等独特之处，使死海地区的空气、阳光、海水、泥和盐等，都变成了治疗各种疾病的无价之宝，也成为无数人寻求健康的天堂。

尽管死海地区终年阳光灿烂，但光线中的紫外线辐射强度却小于其他地区，特别是紫外线UVA和UVB的辐射比较弱。

本古里安大学的库迪世博士认为，这种特殊的光照条件不仅对治疗皮肤病有好处，而且对治疗青光眼等一些眼科疾病也具有非常良好的效果。

另外，利用死海特殊的自然环境治疗心血管疾病、哮喘和风湿类疾病也已取得了显著成果。

目前，医学和健康研究人员仍在探索更多、更好的方法，使死海这一地球仅存的特殊自然景观和资源得到进一步开发和利用。

宗教圣地

加利利海

加利利海又名提比哩亚海、基尼烈海，其南北长约 21 千米，东西宽约 11 千米，面积约 166 平方千米，湖形如竖琴。平均深 24 米，水面低于地中海面 209 米。北部最深约 48 米。加利利海东面和西面有众山围绕，所以常起突然的暴风。但无事时，绿波不兴，水平如镜。它是整个以色列淡水的主要来源，可供全国每年用水量的 1/3。

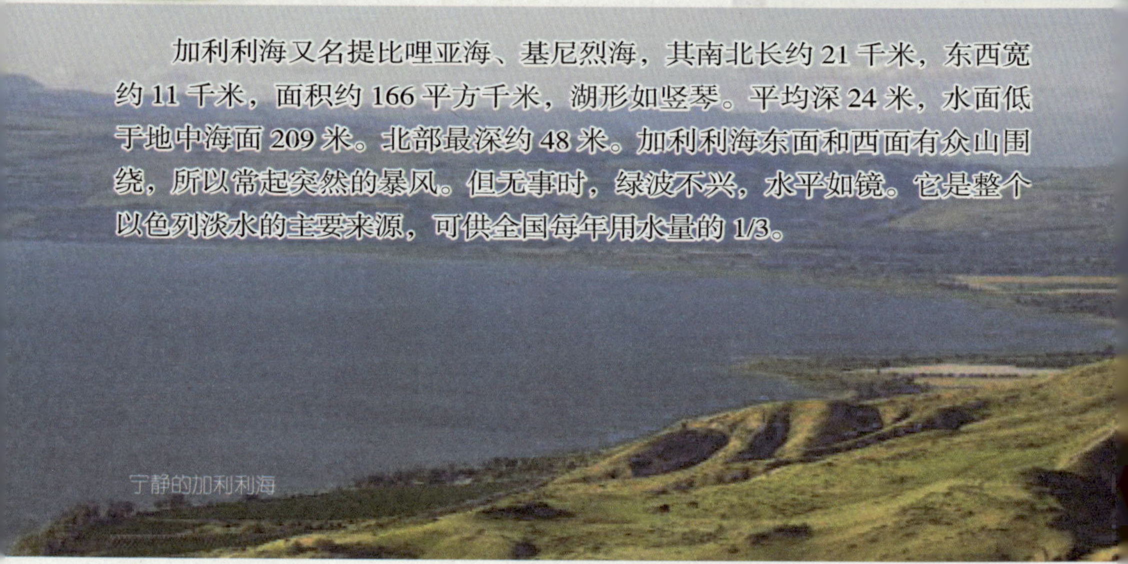

宁静的加利利海

人间乐园

湖区是一片洼地。北与西北为格内瑟雷特平原，东北为贝特札耶达平原，东岸中段为戈兰高地，南岸与古尔平原之间隔一狭窄山岭。由于地势低，处在背风地，加之湖水的影响，故冬季温暖，一月平均气温 14℃；夏季干热，平均气温 31℃。因无冰冻，有利于香蕉、橘子生长。湖外山峦拥抱，林木蓊翳，倒影湖面，景色如画。此处气候温暖，土地肥沃，湖畔周围自古以来便是人间的乐园。

北面和东面的环湖平原经过引水灌溉、改进耕作技术，农业得到了发展。太巴列、格内瑟雷特与恩盖夫等地渔业发达，年捕鱼量约 1000 吨。

在加利利海，你能欣喜地看到：高天流云下，湛蓝的海面雪浪轻卷，百舸争流；水中游鱼如织，水草在湖底招摇；沿岸线上，万木葱茏，鸟声啁啾，人们则在湖边安居乐业。万物皆因这湖水的滋润显出勃勃生机。这里已成为以色列北部最受欢迎的名胜处。乔治·亚当·史密斯曾说：“加利利海水清澈甜蜜，渔产丰富，蓝色的湖面闪闪发光……食物、饮料、空气，应有尽有。人们在这里转瞬间会享受到消夏的凉风轻轻地吹动……还有到处令人喜欢的交通设施。”

"第二个波斯湾" →

里 海

里海位于俄罗斯、哈萨克斯坦、土库曼斯坦、阿塞拜疆和伊朗之间。南北长约 1200 千米，宽约 320 千米，平均水深约 184 米，总储水量 7.63 万立方千米，北部平坦的湖底平均水深只有 4~8 米，中部 170~788 米，而南部最深处则深达 1025 米。

里海地处一个巨大的盆地，湖面低于海平面 28.5 米。伏尔加河接纳北部高地的径流，注入里海，约 3/4 的里海水量来自于伏尔加河。

周期性的升降

里海水位的升降与全球气候变化密切相关。由于全球气候转暖造成降水量增多，使注入里海的河流水量增加，里海水位也随之上升。此外，还与里海周围的地形与湖底的地壳运动有关。据专家分析，里海水位的升降具周期性，在近 5 万年的时间里，里海的水面每五六十年发生一次升降，因此从 1979 年开始上升的湖面在今后 10 年内还将继续升高。里海水位的上升已引起了沿湖周围国家环境学者的密切关注。

里海的气候与资源

里海地区气候干燥，湖水蒸发剧烈，使它成为了世界上最大的咸水湖。主要港口有阿塞拜疆的巴库，俄罗斯的阿斯特拉罕、马哈奇卡拉。

里海具有多种资源可供开发利用，石油、食盐、芒硝等资源丰富，航运十分发达，以石油运输为主，里海以盛产鲟鱼而著称于世。

古希腊文明的摇篮→

爱琴海

醉人的爱琴海，周围遍布着特色独具的白色建筑群。

爱琴海位于希腊半岛和小亚细亚之间。南北长 610 千米，东西宽 300 千米，面积 21.4 万平方千米，比波斯湾还要小些。东北通过达达尼尔海峡、马尔马拉海峡和博斯普鲁斯海峡与黑海相连，南至克里特岛。其间大小岛屿星罗棋布。爱琴海的海岸线曲折，有无数海湾、港口和避风小港。

相邻岛屿之间的距离很短，站在一个岛上，可以把对面的海岛看得清清楚楚。它所拥有的岛屿数量之多，全世界没有几个海能比得上的。所以爱琴海又有“多岛海”之称。

爱琴海文明

爱琴海的岛屿大部分属于西岸的希腊，小部分属于东岸的土耳其。海中最大的一个岛名叫克里特岛。克里特岛面积8000多平方千米，东西狭长，是爱琴海南部的屏障。

克里特岛是古代爱琴文化重要发源地。约在公元前3000年，克里特岛上的居民已经进入青铜器时代。约在公元前2600—公元前1125年的米诺斯王朝时代，岛上文化空前繁荣，建造了规模宏大的宫殿，制造出许多精美的工艺品。

20世纪初，在岛北部滨海平原上的伊拉克利翁发掘出一座米诺斯王朝时代建造的王宫。这座王宫中央是一个长方形的庭院，国王宫殿、王后寝宫分布在庭院四周。各建筑物之间用长廊、门厅、复道、阶梯相连，千门百户，真如古希腊神话中的迷宫一般。

因为当时爱琴海一带是商业活动的中心，于是人们习惯地把爱琴海以东的地方叫做“亚什”，爱琴海以西的地方叫做“欧列伯”。

爱琴海后来又陆续成为波斯帝国、罗马帝国、拜占庭帝国、威尼斯共和国、塞尔柱突厥帝国、奥斯曼帝国的领海。爱琴海是西方民主思想的发源地，也是地中海东部各种文明进行接触和交流的地方。

爱琴海东岸有着土耳其最为秀丽的自然景观。爱琴海清澈的海水轻拍迷人的海岸，橄榄树林、悬崖绝壁、苍松翠柏掩映着宽阔的沙滩。

在那晶莹剔透的海水拍打着的长长的海岸线上，有着许许多多橄榄树果园、峻峭的山岩，以及被松林拥抱着的广阔而素雅的海滩；宁静的渔村散落于平民疗养地和拥有5000年历史的古代文明遗址之间。

爱琴海沿岸地形为平原与山谷。这里有蔚蓝的海岸、干净的沙滩、设备完善的度假村、举世闻名的历史遗迹等，其著名景点数不胜数。

爱琴海海岸线非常曲折，港湾众多，共有大小岛屿约2500个。爱琴海的很多岛屿或岛链实际上是陆地上山脉的延伸。自海水中高耸出的许多因火山爆发而形成的美丽岛屿，笼罩在古希腊文明的神秘气氛中。

海上贸易的重要发源地

地中海

地中海是亚、欧、非三大洲的交通枢纽，是大西洋、印度洋和太平洋之间船只往来的捷径。

地中海是世界上最大的陆间海，位于亚、欧、非三大洲之间，东西长约 4000 千米，南北最宽处约 1800 千米，面积约 250 万平方千米，平均深度约为 1600 米，最深处达 4594 米。

地中海西边有 21 千米宽的直布罗陀海峡，穿过它就到了大西洋；东南以苏伊士运河与红海相通，经红海出印度洋；东北部通过达达尼尔海峡、博斯普鲁斯海峡与黑海相连。地中海的属海有伊奥尼亚海、亚得里亚海、爱琴海等。

在地中海，除马耳他和塞浦路斯两个岛国和其他一些岛屿外，在它的周围，还有西班牙、法国、摩纳哥、意大利、斯洛文尼亚、克罗地亚、波黑、黑山、阿尔巴尼亚、希腊、土耳其、叙利亚、黎巴嫩、巴勒斯坦、以色列、埃及、利比亚、突尼斯、阿尔及利亚和摩洛哥等国家。

古老的资格

现在，地中海是大西洋的附属海。但是在地质史上，它比大西洋的“资格”还老。大约 2.8 亿年以前，古地中海是一片规模巨大的海洋，地质学家也称它为“特提斯海”。它的面积很大，向东穿过喜马拉雅山，直通古太平洋。

那时，它仅次于太平洋，大西洋还没形成。后来，北面的欧亚板块与南方的印度板块漂移并靠近，最终撞在了一起，挤出一个喜马拉雅山，特提斯海从此便退缩成现在的地中海。

起伏的海底

地中海海底起伏不平，海岭和海盆交错分布，以亚平宁半岛、西西里岛到非洲突尼斯一线为界，把地中海分为东、西两部分。东地中海要比西地中海大得多，海底地形崎岖不平，深浅悬殊，最浅处只有几十米（如亚得里亚海北部），最深处可达4000米以上（如伊奥尼亚海）。

地中海是世界上强地震带之一，这里水下地壳破碎，地震、火山频繁，世界著名的维苏威火山、埃特纳火山即位于本区。

地中海流域因维苏威火山爆发而被毁的庞贝古城遗址。

“环球航行第一人”——麦哲伦

航海文明的发祥地

地中海沿岸是航海文明的发祥地之一。腓尼基人、克里特人、希腊人以及后来的葡萄牙和西班牙人，都是航海业发达的民族，许多伟大的航海家诞生在这里：“发现”美洲的哥伦布、打通大西洋与印度洋航线的达·伽马、“环球航行第一人”麦哲伦，都是杰出代表。

地中海是亚、欧、非三大洲的交通枢纽，是大西洋、印度洋和太平洋之间往来的捷径。从欧美到印度洋，通过直布罗陀海峡—地中海—苏伊士运河—红海这条捷径，要比绕非洲南部好望角节省路程一万千米以上，这条路线是世界上运输最繁忙的海路。

因为地中海在政治、经济、军事上都有极为重要的地位，长期以来，地中海就成为列强争夺的海域。为保护国家的主权与安全，沿岸国家纷纷提出“地中海是地中海沿岸国家的地中海”，要求军事大国的舰队和军事基地撤出该地。

地中海上的军事演习

独特的气候

地中海气候独特，夏季干热少雨，冬季温暖湿润。这种气候使得周围河流冬季涨满雨水，夏季干旱枯竭。世界上存在这种类型气候的地方很少，据统计，总共占不到2%。由于这里气候特殊，德国气象学家柯本在划分全球气候时，把它专门作为一类，叫地中海气候。

与大西洋互通有无的地中海

由于地中海是陆间海，冬暖多雨，夏热干燥，海水温度过高，蒸发作用非常强烈，尽管有尼罗河、罗讷河、埃布罗河等注入地中海，但由于它处在副热带，蒸发量太大，使地中海的水入不敷出。但由于海水温差作用和与大西洋所含盐量的不同，使地中海和大西洋的海水可发生有规律的交换。含盐分较低的大西洋海水，从直布罗陀海峡表层流入地中海，增补被蒸发的水源，含盐量较高的地中海海水下沉，从直布罗陀海峡下层流入大西洋，形成了海水环流。这种自然的水体交换有效地保证了地中海不会干涸。

正是因为地中海海水含盐量较高（西部含盐度为37‰，东部含盐度达39.5‰），盐业生产成了沿岸各国的一项重要产业。

世界上最大的内陆海 →

黑海

黑海面积约 42 万平方千米，与地中海通过伊斯坦布尔海峡相连。主要流入黑海的河流有多瑙河和第聂伯河。沿海国家有土耳其、保加利亚、罗马尼亚、乌克兰、俄罗斯和格鲁吉亚。沿海重要城市有伊斯坦布尔、布尔加斯、瓦尔纳、康斯坦察、图尔恰、敖德萨、塞瓦斯托波尔、巴统等。

乏氧的海洋系统

黑海是一个很大的、乏氧的海洋系统。黑海本身很深，从河流和地中海流入的水含盐度比较小，因此比较轻，它们浮在含盐度高的海水上。这样深水和浅水之间得不到交流。两层水的交界处位于 100~150 米深处之间。两层水之间彻底交流一次需要上千年之久。海底的生物尸体腐化分解时消耗的氧气得不到补充，在这个严重缺氧的环境中只有厌氧微生物可以生存。它们的新陈代谢释放有毒的硫化氢和二氧化碳。其他生物实际上只能生存在 200 米深度以上的水里。

黑海是古地中海的一个残留海盆，在古新世末期小亚细亚半岛发生构造隆起时，黑海与地中海开始分开，并逐渐与外海隔离形成内海。

随着地壳运动和历次冰期变化，黑海与地中海间经历了多次隔绝和连接的过程，与地中海的相连状态是在 6000~8000 年间的末次冰期结束后，冰川融化而形成的。黑海大陆架一般为 2.5~15 千米，只有西北部较宽，达 200 千米以上。黑海少岛屿、海湾，海底地形从四周向中部倾斜，中部是深海盆，水深 2000 米以上，约占总面积的 1 / 3。

黑海沿岸独具魅力的风光

黑海地区年降水量600~800毫米，同时汇集了欧洲一些较大河流的径流量，年平均入海水量达355立方千米（其中多瑙河占60%）。这些淡水量总和远远多于海面蒸发量，淡化了表层海水的含盐量，使平均盐度只有12‰~22‰。表层盐度较小，在上下水层间形成密度飞跃层，严重阻止了上下水层的交换，使深层海水严重缺氧。因而黑海除边缘浅海区和海水上层有一些海生动植物外，深海区和海底几乎是一个死寂的世界。同时硫化氢呈黑色，致使深层海水呈现黑色。

黑海淡水的收入量大于海水的蒸发量，使黑海海面高于地中海海面，盐度较小的黑海海水便从海峡表层流向地中海，地中海中盐度较大海水从海峡下层流入黑海，由于海峡较浅，阻碍了流入黑海的水量，使流入黑海的水量小于从黑海流出的水量，维持着黑海水量的动态平衡。

传说中的诺亚方舟

“诺亚方舟”在黑海？

美国国家地理学会探险队的巴拉德说，他们在土耳其锡诺普以东20千米、95米深的黑海海底，发现了一个可能曾是建筑物的“长方形结构”，建筑时期约为7000年前，显示出这个地方在被大洪水淹没前曾经有人居住。有人猜测：这可能是与圣经故事“诺亚方舟”有关的遗迹，甚至是“诺亚方舟”故事的起源地。发现这部分海底建筑物的探险队曾因发现“泰坦尼克号”残骸而名声大震。但巴拉德认为，目前还没有确凿的证据证明这次发现跟《圣经》中的“诺亚方舟”故事有关，但这次发现，比1985年发现泰坦尼克号更有意义。

探险队的首席考古学家希伯特说：“这个重大发现将有可能改写黑海地区的民族历史。”

因海盗而"闻名"的海湾

亚丁湾

亚丁湾是指印度洋西北的海湾，位于亚洲阿拉伯半岛和非洲索马里半岛之间。海湾东连阿拉伯海，西经曼德海峡通红海。亚丁湾以沿岸也门的海港城市亚丁为名。东西长1472千米，平均宽度480千米，面积53万平方千米。希贝海脊横贯海底，为印度洋海脊的余脉，有许多大致东北—西南走向的断层，最大的叫阿卢拉—费尔泰海沟，深5360米，是整个海湾的最深处。红海、亚丁湾和阿拉伯海之间海水的大量对流，强烈的蒸发作用和季风的影响，使水体结构十分复杂。表层水含盐度高。水温在25～31℃之间。

亚丁湾西侧有两个世界驰名的海港：即北岸的亚丁港、南岸的吉布提港，是印度洋通向地中海、大西洋航线的重要燃料港和贸易中转港、波斯湾石油输往欧洲和北美洲的重要水路。扼守着地中海东南出口和整个中东地区，是出入苏伊士运河的"咽喉"，具有重要的战略地位。

据统计，每年通过苏伊士运河的船只约有1.8万艘，其中大多数都要经过亚丁湾。而这条重要国际航道也为索马里海盗提供了大量下手的目标，近年来索马里沿海的海盗活动已经对国际航运、海上贸易和海上安全构成严重威胁，被国际海事局列为世界上最危险的海域之一。

猖狂的索马里海盗

索马里海盗的由来

索马里自 1991 年西亚德政权被推翻后就陷入了彻底的无政府状态，各地被不同派系、不同部族的武装组织割据，相互之间混战不断。国际社会曾数次调解，均无结果。

长期以来，索马里国内治安恶化，物价飞涨，生活必需品短缺，75%的人口没有安全饮水，民不聊生。2002 年，索马里人均寿命为 47 岁，5 岁以下儿童营养不良率达 25.8%，婴儿死亡率约达 25%。基础设施建设更是落后：没有铁路，交通只能靠公路，但大部分公路年久失修。运输工具靠汽车和骆驼。机场条件简陋，跑道甚至没有经过铺垫。

生活窘迫的索马里居民

无以为生的索马里人，纷纷铤而走险当起了海盗。有的甚至假装参军，领了枪就出海当海盗，海盗似乎已经成了索马里的“支柱产业”。

索马里海盗活动愈益猖獗有着多方面的原因，首要一点就是该国几乎从未间断过的内战。混乱的局势为海盗提供了生存空间，使他们可以从容作案而不必担心受到任何惩罚。

其次，被劫船只的船主通常都愿意支付高额赎金，以避免船员受到伤害，这助长了海盗的气焰，也使得更多穷困的索马里人加入海盗行列。许多海盗在成功作案后获得“丰厚回报”，摇身一变成为当地富豪，建别墅、开名贵跑车招摇过市、用高级手机和笔记本电脑。他们的挥金如土也刺激了更多索马里人，诱使他们入伙。据国际海事局公布的数字，仅 2009 年索马里附近海域发生海盗袭击事件就有 214 起，至少 47 艘船只被劫持！

地球第一大洋

太平洋

太平洋位于亚洲、大洋洲、南极洲和南、北美洲之间。南北长约15900千米，东西最大宽度约19900千米，面积17968万平方千米。占世界海洋总面积的49.8%，占地球总面积的35%。

太平洋西南以通过澳大利亚塔斯马尼亚岛东南角的经线与印度洋分界，东南以通过南美洲最南端的合恩角的经线与大西洋分界，北经白令海峡与北冰洋连接，东经巴拿马运河和麦哲伦海峡、德雷克海峡沟通大西洋，西经马六甲海峡和巽他海峡通印度洋，总轮廓近似圆形。平均深度为4028米，最深处为马里亚纳海沟，深达11034米，是目前已知世界海洋的最深点。

太平洋的地理位置示意图

地理分区

太平洋通常以南、北回归线为界，分南、中、北太平洋，或以赤道为界分南、北太平洋，也有以东经160°为界，分东、西太平洋。

北太平洋为北回归线以北海域，地处北亚热带和北温带，主要属海有东海、黄海、日本海、鄂霍次克海和白令海；中太平洋位于南、北回归线之间，地处热带，主要属海有南海、爪哇海、珊瑚海、苏禄海、苏拉威西海、班达海等；南太平洋为南回归线以南海域，地处南亚热带和南温带，主要属海有塔斯曼海、别林斯高晋海、罗斯海和阿蒙森海。太平洋地区有30多个独立国家及十几个分属美、英、法等国的殖民地。

岛屿众多

太平洋约有岛屿 10000 个，总面积 440 多万平方千米，约占世界岛屿总面积的 45%。大陆岛主要分布在西部，如日本群岛、加里曼丹岛、新几内亚岛等；中部有很多散星般的海洋岛屿（火山岛、珊瑚岛）。

海底地形可分为中部深水区域、边缘浅水区域和大陆架三大部分。2000 米以下的深海盆地约占总面积的 87%，200~2000 米间的边缘部分约占 7.4%，200 米以内的大陆架约占 5.6%。北半部有巨大海盆，西部有多条岛弧，岛弧外侧有深海沟。北部和西部边缘海有宽阔的大陆架，中部深水域水深多超过 5000 米。

夏威夷群岛和莱恩群岛将中部深水区分隔成东北太平洋海盆、西南太平洋海盆、西北太平洋海盆和中太平洋海盆。海底有大量的火山锥。边缘浅水域水深多在 5000 米以上，海盆面积较小。

火山与地震频发

全球约 85% 的活火山和约 80% 的地震集中在太平洋地区。太平洋东岸的美洲科迪勒拉山系和太平洋西缘的花彩状群岛是世界上火山活动最剧烈的地带，活火山达 370 多座，有“太平洋火圈”之称。

太平洋海域的火山岛，发红的岩石记录着大地的不安。

气候特点

太平洋有很大一部分处在热带和副热带地区，水面洋流及邻近大陆上空的大气环流影响着周边区域的气候，气温随纬度增高而递减。南、北太平洋最冷月平均气温从回归线向极地方向为16~20℃，中太平洋常年保持在25℃左右。太平洋年平均降水量一般为1000~2000毫米，多雨区可达3000~5000毫米，而降水最少的地区不足100毫米。北纬40°以北、南纬40°以南常有海雾。水面气温平均为19.1℃，赤道附近最高达29℃。在靠近极圈的海面有结冰现象。

太平洋上的吼啸狂风和汹涌波涛很是著名。在寒暖流交接的过渡地带和西风带内，多狂风和波涛，太平洋北部以冬季为多，南部以夏季为多，尤以南、北纬40°附近为甚。中部较平静，终年利于航行。

浩瀚的太平洋海底鱼类资源丰富，也是人们最理想的观鲸场所之一。

海洋资源

太平洋生长的动、植物，无论是浮游植物或海底植物以及鱼类和其他动物都比其他大洋丰富。太平洋浅海渔场面积约占世界各大洋浅海渔场总面积的一半，海洋渔获量占世界渔获量一半以上。盛产鲱、鳕、鲑、鲭、鳟、鲣、沙丁、金枪等鱼类。此外海兽（海豹、海象、海獭、鲸等）捕猎和捕蟹业也在世界上占重要地位。

近海大陆架的石油、天然气、煤很丰富，深海盆地有丰富的锰结核矿层，所含锰、镍、钴、铜四种矿物的储量比陆地上多几十倍至千倍，此外海底砂锡矿、金红石、锆、钛、铁及铂金砂矿储量也很丰富。

航运优势

太平洋在国际交通上具有重要意义。许多条联系亚洲、大洋洲、北美洲和南美洲的重要海、空航线经过太平洋；东部的巴拿马运河和西南部的马六甲海峡，分别是通往大西洋和印度洋的捷径和世界主要航道。

太平洋上繁忙的港口

海运航线主要有东亚—北美西海岸航线、东亚—加勒比海、北美东海岸航线，东亚—南美西海岸航线，东亚沿海航线，东亚—澳大利亚、新西兰航线，澳大利亚、新西兰—北美东、西海岸航线等。

纵贯太平洋的 180° 经线为“国际日期变更线”，船只由西向东越过此线，日期减去一天；反之，日期便加上一天。

海底电缆

太平洋第一条海底电缆是 1902 年由英国铺设的，1905 年美国在太平洋也铺设了海底电缆。目前加拿大至澳大利亚，美国至菲律宾、日本及印度尼西亚，中国香港至菲律宾与越南，南美洲沿海各国之间都有海底电缆。近年在太平洋上空开始利用人造通信卫星进行联系。

世界环球航运的枢纽 →

大西洋

大西洋是世界第二大洋。位于南、北美洲和欧洲、非洲、南极洲之间，呈南北走向，似“S”形的洋带。南接南极洲，西南以通过南美洲南端合恩角的经线同太平洋分界；东南以通过南非厄加勒斯角的经线同印度洋分界；北以挪威最北端—冰岛—格陵兰岛南端—戴维斯海峡南边—拉布拉多半岛的伯韦尔港与北冰洋分界。南北长大约 1.5 万千米，东西的宽度较之则短得多，总面积约为 9336 万平方千米，约占海洋面积的 25.4%，比太平洋面积的一半稍多一点。平均深度 3626 米，最深处达 9219 米，位于波多黎各海沟处。

海洋资源丰富，盛产鱼类，渔获量约占世界的 1／5 以上。

地理分区

根据大西洋的风向、洋流、气温等情况，通常将北纬 5° 作为南、北大西洋的分界。

大西洋在北半球的陆界比在南半球的陆界长得多，而且海岸曲折，有许多属海和海湾，包括加勒比海、墨西哥湾、地中海、黑海、北海、波罗的海、比斯开湾、几内亚湾、哈得孙湾、巴芬湾、圣劳伦斯湾、威德尔海、马尾藻海等。岛屿有大不列颠岛、爱尔兰岛、冰岛、纽芬兰岛、古巴岛、伊斯帕尼奥拉岛及加勒比海和地中海中的许多群岛，格陵兰岛也有一小部分位于大西洋。

分界大西洋与印度洋的厄加勒斯角

地质构造

大西洋海底地形特点之一是大陆棚面积较大，主要分布在欧洲和北美洲沿岸。超过 2000 米的深水域占 80.2%，200~2000 米之间的水域占 11.1%，大陆架占 8.7%，比太平洋、印度洋都大。

其二是洋底中部有一条从冰岛到布韦岛，南北延伸大约 15000 千米的中大西洋海岭，在赤道地区被狭窄分水鞍所切断，一般距水面 3000 米左右，有些部分突出水面，形成一系列岛屿。整条海岭蜿蜒成“S”形，把大西洋分隔成与海岭平行伸展的东西两个深水海盆。东海盆比西海盆浅，一般深度不超过 6000 米。西海盆较深，深海沟大都在西海盆内。

在南半球，中大西洋海岭主体向东、向西还伸出许多横的山脊支脉，如伸向非洲西南海岸的沃尔维斯海岭（鲸海岭），伸向南美洲东海岸的里奥格兰德海丘。在中大西洋海岭的南端布韦岛以南为一片水深 5000 多米的地区，称大西洋—印度洋海盆。南桑威奇海沟深达 8428 米，为南大西洋的最深点。中大西洋海岭的北端则相反，海底逐渐向上隆起，在格陵兰岛、冰岛、法罗群岛和设得兰群岛之间，海深不到 600 米。

巨大的气候差异

大西洋的气候，南北差别较大，东西两侧亦有差异，年气温相差不大。赤道地区不到 1℃，亚热带纬度区为 5℃，北纬和南纬 60° 地区为 10℃，仅大洋西北部和极南部超过 25℃。在大西洋范围内，南、北两半球夏季浮冰可分别达南、北纬 40° 左右。

大西洋北部盛行东北信风，南部盛行东南信风。温带纬区地处寒暖流交接的过渡地带和西风带，风力最大。在南、北纬 40~60° 之间多暴风，在北半球的热带纬区 5~10 月常有飓风。

大西洋高纬区降水量为 500~1000 毫米，中纬区大部分为 1000~1500 毫米，亚热带和热带纬区从东往西为 100~1000 毫米以上，赤道地区超过 2000 毫米。

强烈的飓风常使大西洋海域巨浪滔天

丰富的海洋资源

大西洋海洋资源丰富，西北部和东北部的纽芬兰和北海地区为主要渔场，盛产鲱、鳕、沙丁鱼、鲭、毛鳞鱼等，其他还有牡蛎、贻贝、螯虾、蟹类以及各种藻类等。海洋渔获量约占世界的1/3~2/5。南极大陆附近产鲸、海豹和磷虾，海兽捕获量也很大。

加勒比海、墨西哥湾、北海、几内亚湾和地中海均蕴藏有丰富的海底石油和天然气。

成群的企鹅在大西洋海岸嬉戏，数不清的美丽的鱼儿在幽暗的海底游弋。

航运优势

大西洋航运发达，东、西分别经苏伊士运河及巴拿马运河沟通印度洋和太平洋。

海轮全年均可通航，世界海港约有75%分布在这一海区。主要有欧洲和北美的北大西洋航线，欧洲、亚洲、大洋洲之间的远东航线，欧洲与墨西哥湾和加勒比海之间的中大西洋航线，欧洲与南美大西洋沿岸之间的南大西洋航线，从西欧沿非洲大西洋岸到开普敦的航线。

“泰坦尼克”号纪念邮票

“20世纪人间十大灾难”之一的冰海沉船事件就发生在大西洋海域。1912年4月15日，载着1316名乘客和891名船员的豪华巨轮“泰坦尼克”号在横渡大西洋时与冰山相撞而沉没。1985年，“泰坦尼克”号的沉船遗骸在北大西洋2.5英里的海底被发现。詹姆斯·卡梅伦导演根据这一事件，拍摄了著名影片《泰坦尼克》，将一段浪漫、悲壮的爱情故事重现银幕，其中壮美的大西洋风光也令世人为之瞠目。

世界最大的海洋石油产区

印度洋

印度洋沿岸的热带风光。印度洋西南以通过南非厄加勒斯角的东经 20° 线与大西洋为界，东南以通过塔斯马尼亚岛东南角的东经 146° 51′ 线为界，与太平洋相接。

印度洋是世界第三大洋，面积 7492 万平方千米，约占世界海洋总面积的 1／5。平均深度 3897 米，仅次于太平洋，居第二位。印度洋东、西、南三面海岸陡峭而平直，没有凸出的边缘海和内海。与亚洲相濒临的印度洋的北部，因受亚洲西部和南部岛屿、半岛的分隔，形成许多边缘海、内海、海湾和海峡。

地质构造

印度洋海底有一条从印度半岛西岸到澳大利亚大陆以南、自北而南向东伸延的高地，一般在水下约 3000~4000 米之间，北段为卡尔斯伯格海岭、中段为中印度洋海岭、南段为西南印度洋海岭，西折以后的部分称大西洋—印度洋海岭。这一带高地把印度洋分成东、西两部分，东部为东经 90° 海岭，海岭南北纵贯，中印度洋海盆和沃顿海盆分列东西，其中有些深陷的海沟，以爪哇海沟最深；西部海底地形复杂，海岭交错，分隔出一系列海盆，如阿拉伯海盆、索马里海盆；西南印度洋海岭西部有马达加斯加海盆、纳塔尔海盆和厄加勒斯海盆。东部有克罗泽海盆。印度洋南部的凯尔盖朗海岭东、西两侧为南印度洋海盆和大西洋—印度洋海盆。这些海盆的深度均超过 5000 米。这种地质构造最容易引起海底地震而发生海啸。2004 年 12 月 26 日，印度洋就是由于海底的地壳发生断裂塌陷，海底的地震引发了海啸。

气候类型

印度洋大部分位于热带，夏季气温普遍较高，冬季一般仅南纬 50°以南气温才降至零下。

阿拉伯海和孟加拉湾的东部沿岸地区、印度洋赤道附近降水丰富，年平均降水量在 2000~3000 毫米之间；阿拉伯海西部沿岸降水量最少，仅 100 毫米左右；印度洋南部大部分地区年平均降水量在 1000 毫米左右。印度洋西部南纬 40° ~50° 之间多海雾。印度洋水面气温平均在 20~26℃之间，赤道以北 5 月份水面气温最高可达 29℃以上。

海洋资源丰富

在印度洋流域，海洋动植物与海水上层浮游生物很丰富，盛产飞鱼、金鲭、金枪鱼、马鲛鱼等，鲸、海豹、企鹅也很多。海生哺乳动物中儒艮是印度洋特产。波斯湾和斯里兰卡岛盛产珍珠。此外，各种藻类及红树林也在这一海域内广有分布。

印度洋地区石油蕴藏极为丰富，其中波斯湾是世界海底石油最大的产区。

印度洋上的石油港

航运优势

印度洋是贯通亚洲、非洲、大洋洲的交通要道。东西分别经马六甲海峡和苏伊士运河与太平洋及大西洋相通。往西南绕过非洲南端可达大西洋。沿岸港口终年不冻，四季通航。海运量约占世界海运量的 10% 以上，以石油运输为主。

冰雪覆盖的大洋 →

北冰洋

在四大洋中，北冰洋是最小的一个，也是最浅的一个。面积约为 1310 万平方千米。平均水深为 1205 米。最大水深为 5527 米，还不到太平洋的 1／2。

北冰洋又是四大洋中温度最低的寒带洋，终年积雪，千里冰封，覆盖于洋面的坚实冰层足有 3~4 米厚。

从太空看到的冰雪覆盖下的北冰洋

北冰洋有两大奇观

第一大奇观是那里一年中几乎一半的时间暗无天日，漫漫长夜，难见阳光；而另一半时间，则多为阳光普照，只有白昼而无黑夜。

此外，置身大洋中，常常可见北极天空的极光现象，飘忽不定、变幻无穷、五彩缤纷，甚是艳丽。这是北冰洋上第二大奇观。

范围及地理分区

北冰洋被陆地包围，近于半封闭。通过挪威海、格陵兰海和巴芬湾同大西洋连接，并以狭窄的白令海峡沟通太平洋。在亚洲与北美洲之间有白令海峡通太平洋，在欧洲与北美洲之间以冰岛—法罗海丘和威维亚·汤姆逊海岭与大西洋分界，有丹麦海峡及北美洲东北部的史密斯海峡与大西洋相通。根据自然地理特点，北冰洋分为北极海区和北欧海区两部分。北冰洋主体部分、喀拉海、拉普捷夫海、东西伯利亚海、楚科奇海、波弗特海及加拿大北极群岛各海峡属北极海区；格陵兰海、挪威海和巴伦支海属北欧海区。

北冰洋上的科考船显示了人类征服自然的无穷力量，却也打破了自然原有的安宁。

地球上最壮观的冰天雪地

北冰洋地区大陆与岛屿的海岸线曲折，沿亚洲和北美洲海岸都有较宽的大陆架，最宽处达 1200 千米以上。中央横亘罗蒙诺索夫海岭，从亚洲新西伯利亚群岛横穿北极直抵北美洲格陵兰岛北岸，峰顶一般距水面 1000~2000 米，个别峰顶距水面仅 900 多米，有剧烈的火山和地震活动，它把北极海区分成加拿大海盆、马卡罗夫海盆（门捷列夫海岭将该海盆分隔为加拿大和马卡罗夫两个海盆）和南森海盆。海盆深度均在 4000~5000 米之间。在北冰洋中部还有许多海丘和洼地。格陵兰岛和斯瓦尔巴群岛之间有一东西向海底高地，是北极海区与北欧海区的分界。北欧海区东北部为大陆架，西南部为深水区，以格陵兰海最深，达 5527 米。

北冰洋气候寒冷，洋面大部分常年冰冻。北极海区最冷月份的平均气温可达 -20~-40℃，暖季也多在 8℃以下；年平均降水量仅 75~200 毫米，格陵兰海可达 500 毫米；寒季常有猛烈的暴风。

在冰天雪地的北冰洋海域，生活着很多不畏严寒的“勇士们”。

海洋资源

北冰洋大陆架内有丰富的石油和天然气，沿岸地区及沿海岛屿有煤、铁、磷酸盐、泥炭和有色金属。如伯朝拉河流域、斯瓦尔巴群岛与格陵兰岛上的煤田，科拉半岛上的磷酸盐，阿拉斯加的石油和金矿等。

海洋生物相当丰富，以靠近陆地为最多，越深入北冰洋则越少。邻近大西洋边缘地区有范围辽阔的渔区，遍布繁茂的藻类（绿藻、褐藻和红藻）。海洋里有北极熊、海象、海豹、鲸、鲱、鳕等。苔原中多皮毛贵重的雪兔、北极狐。此外还有驯鹿、极犬等。

国家公园

“国家公园”的概念据说最早是由一位艺术家而非地理学家提出来的，由此我们能多少感受到些这个名词所含的人文关怀气息。

1872 年世界上第一个国家公园——美国黄石国家公园成立之旨就是意在使“国家公园里，人和野兽共处蓝天下，所有的一切都处于原生状态，从而体现着自然之美。”

目前，全世界已有一百多个国家设立了多达 1200 处风情各异、规模不等的国家公园。

这些公园对保护世界的自然资源起到了重要作用，是地球上宝贵的自然遗产，也是我们了解自己的家园的重要基地。

昔日皇家狩猎场

奇特万国家公园

奇特万国家公园全称为“奇特万皇家国家公园”。奇特万原本是尼泊尔皇室和其贵宾们狩猎的地方，这里至今还有皇家狩猎场，但在1800年之后就被保护起来了。

位于尼泊尔南部拉伊平原的天然动物保护区，是印度和尼泊尔之间的喜马拉雅丘陵地带中为数不多的未遭破坏的自然区域之一，也是世界上已经罕见的亚洲独角犀的栖息之地和孟加拉虎的最后藏身地之一。

奇特万国家公园占地932平方千米，东西走向的河谷在喜马拉雅山脉支脉西瓦利克山脚下，海拔在150~760米之间。

孟加拉虎是公园里的重点保护动物

丰富的生物资源

奇特万国家公园地处两个河谷之间的亚热带平原，公园的植被基本是单一的盐质森林，覆盖面积达60%。河水两岸的树林和野草错落相间，山上遍布松树和海枣树，最潮湿的山坡上生长着竹子。这里水草丰美，森林茂密，其他动物也很多，有多种野鹿、羚羊、猿猴、豹、野象及野猪等36种哺乳动物，还有350多种鸟类。

这里的生态系统由野生有蹄动物、水边森林和高大的野草组成，每平方千米的生物重量可达18950千克，比亚洲其他任何地方都高，与非洲保护区的水平接近。

这里生活着尼泊尔唯一的一群亚洲独角犀。这种动物仅产于尼泊尔、印度及印尼的少数地区，世界上也仅有1000多只，极为珍贵。犀牛在尼泊尔被视为国宝，身高 2 米，体重 2 吨多，头呈三角形，生独角，毛稀少，以青草为食，性情比较温顺，一般不伤人。

附近的拉普梯河上，可以乘独木舟观赏鳄鱼。公园东端还设有观赏野象的象营。

此外，还有生存受到威胁的印度食鱼鳄、沼泽鳄、濒临灭绝的大蟒蛇以及大型食草动物水鹿、印度野牛等也生活在这里。孟加拉虎则是公园里的重点保护动物。

奇特万国家公园内的秀美景色

公园里害羞而可爱的小鹿

奇特万公园内脸部长有环状白毛的叶猴

亮丽的风景

奇特万国家公园内生长着青翠的竹林、高大壮观的婆罗双树、木棉树和享有“森林火焰”美誉的深红色二月花蕨。长势凶猛的藤蔓植物像巨蟒一样紧紧缠绕着树木，密不透风，甚至能将大树置于死地。

当然这里也不乏真正的巨蟒。

长有环状白毛的叶猴在树梢间跳来跳去，惹得绿色长尾小鹦鹉惊慌而逃。

鹿是奇特万国家公园里一道亮丽的风景线，单是生活在这里的就有 5 种之多。鹿以它特有的活泼成为人们注目的焦点，它们四处奔跑、尽情欢乐的身影深深地感染着周围的每个人。害羞的小鹿则一看见生人便消失得无影无踪。

生态“守卫者”

普林塞萨地下河国家公园

普林塞萨地下河国家公园位于菲律宾西南部巴拉望省北岸圣保罗山区，东靠巴布延海峡。它位于巴拉望省的首府普林塞萨港市的市中心西北大约 80 千米处，海拔高度变化于海平面到公园的制高点圣保罗山（1028 米）之间。

这座国家公园最大的特色是雄伟的石灰岩喀斯特地貌和那里的地下河流。河流的特点是直接流入大海，河流下游受潮汐影响。这个地方还是不同生物的保护区。该公园包括整个“山海”生态系统，并保护了亚洲一些非常重要的森林。另外还有一个重要特征就是山岳和海洋两大生态系统在这里融合为一，生长着许多珍贵的动植物。

地质地貌特色

普林塞萨地下河国家公园地形多样：广袤的平原、起伏的丘陵、高峻的山峰，其中给人印象最深刻的就是公园内 90%以上由尖锐的喀斯特石灰岩山脊组成的独特地貌。

公园的主要景观是被人们称为“地下河”或“圣保罗洞”的 8 千米长的地下河，洞内林立着钟乳石和石笋，还有几个 120 多米宽、60 多米高的大溶洞，地下河在圣保罗山以西大约 2 千米的地方流出地面。圣保罗洞在远古时就已经为当地人所熟知，他们认为洞内居住着精灵，不能随意进入。

地下河几乎在地下奔流了 8 千米后进入圣保罗湾，有一小块海域也在公园境内。另一个水文特征是巴布延海峡沿着公园的东侧蜿蜒流过。

圣保罗湾是普林塞萨地下河最终流入的地方

鬼斧神工之地

乌卢鲁国家公园

乌卢鲁国家公园以其奇特的岩石景观而闻名于世，其著名的便是艾雅斯巨石和奥尔加岩山。1987 年和 1994 年，联合国教科文组织将乌卢鲁国家公园作为文化遗产和自然遗产，列入《世界遗产名录》。

艾雅斯巨石

乌卢鲁国家公园内最壮观的是艾雅斯巨石。艾雅斯巨石从平原拔地而起，体积巨大，游客在 100 千米外即可望见。这块巨石高 348 米，底部周长 9 千米，是世界最大的单体岩石。巨石东部宽高，西部低狭，外表圆滑光亮，寸草不生。它是澳大利亚的象征，代表了这个国家的远古历史。

在澳大利亚小心躲避袋鼠的指示牌随处可见

艾雅斯巨石最令人惊奇的地方在于它的色彩不停地变化。每天早晨，随着天际露出一丝曙光，艾雅斯巨石开始明亮起来，由漆黑变成深紫，渐渐显出轮廓。当太阳的第一道光线射到岩石上时，它便迸发出绚丽的色彩，嫣紫绯红各种颜色在石壁上以惊人的速度互相追逐。阳光把岩石凹穴里的阴影驱走，直至整块岩石完全沐浴在沙漠阳光之中。

依然保持着原始风貌的土著居民

岩石的颜色整日都在变化，由金黄、淡红转为深红、绯红以至嫣紫。到黄昏时，色谱上的所有颜色都显示过了。

长久以来，它一直被当地土著人尊为“圣山”。

奥尔加岩山

奥尔加岩山位于艾雅斯巨石西部约 20 千米处，它是由许多小山组成的山群，山群约有 30 个山峰，海拔高度为 1069 米，当地的土著人贴切地将奥尔加岩山称为“多头山”。

其整体由沉积岩构成，由于组成岩石的物质较软，又因为长期遭受风雨的侵蚀，岩石表面被磨蚀，最终形成了现在的圆顶屋脊状。奥尔加岩山与艾雅斯巨石一起，承袭着当地阿南古土著人古老的信仰。

夕阳下艳丽的“多头山”

令人赞叹的“文化美景”

在地质学家的眼里，公园内奇特的岩石组合代表了特殊的构造和侵蚀过程。艾雅斯巨石和奥尔加岩山的组合，及其邻近的、在科学上具有重要意义的动植物组合，与周围大范围的沙漠背景形成了强烈的反差。这也是 1987 年将其列入世界自然文化遗产的重要原因之一。1994 年，由于人们认识到了在乌卢鲁国家公园地区当地土著人和自然环境生死攸关的共生关系的重要意义，以及公园自身重要的文化价值，公园得以在世界文化遗产中进行重新登记，也正因如此，公园成为世界上第二个被称为“文化美景”的世界遗产。在此之前，只有新西兰的汤加里罗国家公园于 1993 年获此殊荣。

独具特色的火山公园

汤加里罗国家公园

汤加里罗国家公园位于新西兰北岛中南部，面积 765.4 平方千米。公园建于 1887 年，是新西兰最早的国家公园。公园内的群山都覆盖着森林，高山雪景，溪水流淌，风光十分秀丽。作为文化与自然的双重遗产，汤加里罗国家公园 1990 年被列入《世界遗产名录》，1993 年扩展范围。

公园内有 15 座年轻的火山，其中汤加里罗山、鲁阿佩胡山和恩奥鲁霍是最著名的三座锥形火山。这三座火山都在大约 200 万年前开始喷发，后来仍不断活动，直到现在。

三大火山奇景

汤加里罗国家公园中有三个著名的活火山，即汤加里罗、恩奥鲁霍和鲁阿佩胡火山。其中鲁阿佩胡火山海拔 2797 米，是北岛的最高峰。鲁阿佩胡火山 1945 年喷发时，持续了近 1 年，喷出的火山灰和黑色气体最远飘到惠灵顿。1975 年的一次喷发，气柱高达 1400 米。1995 年 9 月末和 1996 年 6 月也曾喷发，气柱和灰尘升腾到几千米高。冬天山顶有很厚的积雪，盛夏积雪也不会完全融化，因为火山灰是上升的。

恩奥鲁霍火山是这座公园中最年轻的火山，山腰常云雾缭绕，只有在很少的晴天里才能看到积雪的山腰和顶峰。其海拔 2291 米，在 2500 年前才形成现在的山体轮廓。现在，每隔几年它都要喷发一些黑色气体。

焦赤的山体、雨水和融雪在汇聚后形成的祖母绿宝石色的水塘，使得汤加里罗国家公园显得异常耀眼。

汤加里罗火山、恩奥鲁霍火山、鲁阿佩胡火山如同三个炽热的巨人，守望着汤加里罗国家公园。三座常年喷发的活火山是土著居民毛利人心中膜拜的圣地。

火山园林景观

汤加里罗公园里呈现一片火山园林风光，由火山灰铺成的银灰色大道蜿蜒其间，峰顶白雪皑皑，十分壮观。

汤加里罗火山峰顶白雪皑皑

苍翠的天然森林环抱着层峦叠嶂的群山和绿草茵茵、繁花似锦的草原，那绿波荡漾的湖泊犹如中国杭州的西湖。湖中有岛，岛中有湖，加上人工点缀，更显婀娜多姿。但西湖是个平地上典型的残迹湖，而汤加里罗公园的湖泊却是云雾缭绕的高山火山口湖。

由于火山的缘故，这里的地热资源丰富，沸泉、间歇泉、喷气孔、沸泥塘等遍地可见。这里的沸泥塘也是一大奇观，泥塘中黄色的泥浆突突沸跳，就像熬稠的米粥。另外，当地还有火山活动的奇观。

当地的土著毛利人经常举行祭祀仪式。他们的特殊住房和生活习惯也被外来人所注目。

在汤加里罗公园内还栖息着新西兰的国鸟——几维鸟。它是新西兰的象征，国徽和硬币均以它为标记。

园内还种植了从中国移植的猕猴桃，取名“几维果”，现在已是新西兰一种重要的出口商品。

加拿大的"璀璨明珠"

班夫国家公园

班夫国家公园建于 1885 年，是加拿大的第一个国家公园。它坐落于落基山脉北段与不列颠哥伦比亚省交界的落基山东麓。距加拿大阿尔伯塔省卡尔加里以西约 110~180 千米处。公园占地面积 6641 平方千米。内有一系列冰峰、冰河、冰原、冰川湖和高山草原、温泉等景观，其奇峰秀水居北美大陆之冠。

公园发展史

根据在弗米利恩湖的放射性炭素考古发现，班夫最初的人类活动可以追溯到 1 万多年前。加拿大原住民——库特奈人、西克西卡人等生活在那个地区，以狩猎美洲野牛等动物为生。1885 年，有 26 平方千米的区域划为公立公园。1887 年《落基山脉公园法》颁布后，公园扩大至 674 平方千米，并被命名为"落基山脉公园"。这是加拿大第一个国家公园，也是北美洲继美国的黄石国家公园后的第二个国家公园。公园的边界几经变化，直到 1930 年，随着《加拿大国家公园法》的通过，公园的面积固定在 6697 平方千米，同时将公园的更名为"班夫国家公园"，名称来源于加拿大太平洋铁路车站的名称，而车站的名称则来自苏格兰的班夫郡。1949 年，公园的边界再度变更，面积改为 6641 平方千米。

公园现建有现代化旅馆、汽车旅馆和林中野营地。高山还架设有悬空索道，从山下一直通向山顶。峰顶建有楼阁和观望台，游人可凭栏远眺周围景色。路易斯湖畔的古堡酒店，独占湖光山色之美，更兼古色古香的外形设计和富丽堂皇的内部陈设，吸引游客争相下榻和光临。班夫镇上开辟有艺术中心和博物馆，每年入夏，有众多印第安人在这里搭起帐篷和舞台，穿上民族服装，向游客表演富有特色的民族歌舞。公园入口处附近，有一座华人岭，据说是19世纪大批华人在北美洲修铁路时居住这里而得名。铁路和横贯加拿大的公路均穿越公园境内。

凌波仙境

公园中部的路易斯湖，风景尤佳，湖水随光线深浅由蓝变绿，漫湖碧透，故又称翡翠湖。湖泊是冰川的产物，因冰碛的湮塞阻挡了维多利亚冰川融化的雪水，从而形成了这天赐的美景。

仔细看这蔚蓝的湖水，会发现湖水不是透明的，里面漂浮着许多矿物质的粉末，在阳光的照耀下，整个湖就如同一颗硕大的松石。更为奇妙的是，当走到路易斯湖南端，靠近山根冰川融水汇入湖泊的地方，有一条明显的色彩交界线：冰川融化的雪水是浑浊的浅棕色，而湖水则是清亮的蓝色，界线如此分明，使人百思不得其解，为什么融化了的雪水中的悬浮物到此就戛然止步。

路易斯湖漫湖碧透，在阳光照耀如同一颗硕大的松石。落基山脉有多处这类冰川湖泊，它们犹如一串串珍珠，把静静的群山点缀得生机勃勃。

平衡的艺术

班夫国家公园共有56种哺乳动物。灰熊和美洲黑熊栖息于森林地区。美洲狮、猞猁、貂熊、鼬、北美水獭和狼是主要的肉食性动物。麋、长耳鹿和白尾鹿在公园的山谷中很常见，甚至在班夫镇也可以见到。驼鹿相比之下较少见，主要生活在沼泽地和溪流附近。2005年，一共发现了5只驯鹿，使之成为公园里数量最稀少的哺乳动物之一。雪羊、大角羊、土拨鼠、鼠兔、河狸、豪猪、松鼠和花栗鼠等也分布广泛。

登山爱好者的圣地

丹那利国家公园

丹那利国家公园面积约 6800 平方千米。公园以北 400 千米就是北极圈。每当中午，公园景色最为壮丽。

在国家公园里，主要是以北美第一峰——麦金利山为主，那是一片雄伟的高山临线区，在地球上极少能有如此原始却又能为人接受的自然荒野。

雄浑、壮美的北美第一峰——麦金利山

登山爱好者的圣地

麦金利山靠近北极圈，那里是开阔的大平原，麦金利山就屹立在那片孤独的大地上。顶峰虽然只有 6193 米，但周围景象却酷似北极，层层冰雪掩盖住山体，无数冰河纵横其中。在这里，冬季最冷时低于 –50℃，有时候，风速可以达到 160 千米 / 时，在这一区域登山，登山者就必须要忍受低温、大风、长时间的冰雪徒步，如同是在北极探险一般，因此登顶的成功率仅 50%，很多优秀的登山者都葬身在了白雪皑皑的山上。

1794 年，英国航海家乔治·克安克瓦沿着阿拉斯加海岸线航行时，在北方的水平线上发现了这座“伟大的雪山”，这就是它的最初记录。直到 1951 年，布拉德福·华斯伯恩才开辟出了另一条新路线。布拉德福 1942 年从马德鲁冰川登上了麦金利峰峰顶；1947 年和他的妻子芭芭拉（第一位登顶麦金利峰的女性）登顶麦金利峰。这条新路线从卡希尔特纳冰川开始延伸，现在已成为攀登麦金利峰的传统路线。

“容颜未改的世界”

大雾山国家公园

大雾山国家公园坐落在美国东部北卡罗来纳州和田纳西州交界处的南阿巴拉契亚山脉中，这片郁郁葱葱的原始林地像一块未经雕琢的璞玉，寂静而持久地展示着自己的原始美貌。公园占地 0.2 万平方千米，于 1934 年宣告建成。

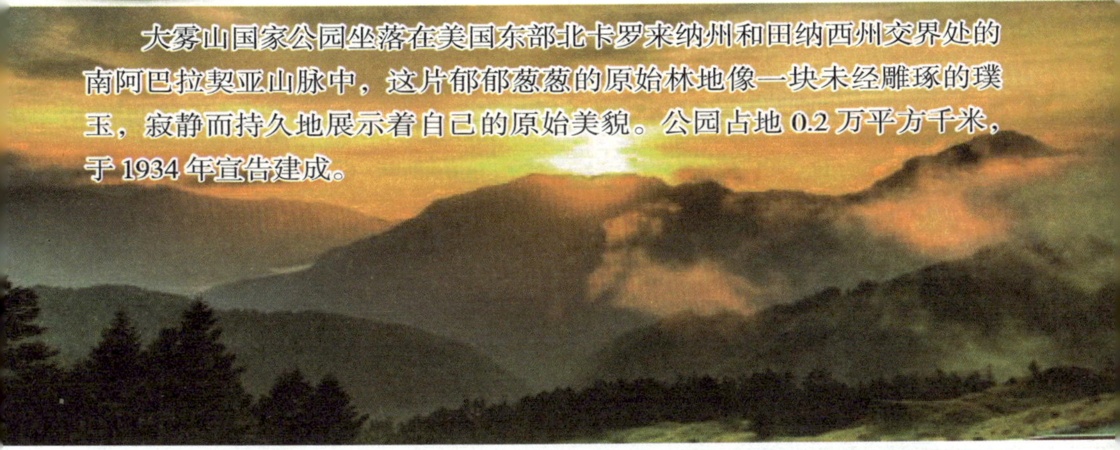

山林上空总是笼罩着一层淡淡的薄雾，“大雾山”便因此而得名，图中即是大雾山日出时的如画风光。

原始美貌

这片由绵延的高山和深深的峡谷组成的广阔土地是一个安静的栖息地，是一个生态奇迹，给人类提供了一个关于大自然的无与伦比的课堂。

大雾山的雾是会变的：清晨，大雾充满整个山谷，只有高处的山峰若隐若现于远方；中午，山雾变成了缕缕轻烟，缓缓滑过山腰；日落时分，山雾变成了玫瑰色的云帘，映衬着夕阳下紫色的山岭。

大雾山的景色四季宜人：春天，山花烂漫；夏天，溪流清凉；秋天，落叶纷飞；冬天，宁静可人。得天独厚的自然资源，使其成为了闻名世界的旅游胜地，每年有 900 万人来此观光游览，人们在茵茵绿地上忘情地漫步，在边缘地区悠然地远足，无论身处何地，总会让人惊喜连连。

生态奇迹

大雾山国家公园 95% 以上的面积被森林覆盖，加之这里少有污染，所以为植物提供了一个相对有利的生长环境，使其成为了一个生态奇迹，这里保存了冰川时期许多稀有生物，植被丰富，有“生物基因宝库”之称。这里拥有 3500 种特有植物，其中有树木 130 种，花卉 1520 种，维管植物 1450 种，地衣、苔藓和菌类等种类不计其数……

山中多变的地形地势为植被的生长演化提供了良好的环境，植物群落随着海拔高度发生明显的变化。

红松林覆盖在山岭和峰顶上，黄桦、铁杉、银钟花树、七叶树、野黑樱和郁金香等生长在低矮坡地的小溪间。

大雾山的动物种类也是丰富多样，公园中有黑熊和美洲狮等哺乳动物 30 多种，鸟类 200 余种，濒临灭绝的游隼就生存在这里。

园内有种类繁多的两栖类动物，仅蝾螈就有 27 种之多，其种类之多号称世界之最，其中红腹蝾螈是公园特有的品种。此外，还有龟 7 种、蜥蜴 8 种、蛇 23 种。

大雾山中的蝾螈种类之多号称世界之最。

大雾山的大部分区域都被茂密的森林覆盖着

世界遗产

大雾山不仅是国际生物圈保护地，还是世界遗产所在地。

国际的认可显示了这个公园对于这个星球的重要性，它不仅自然遗产丰富，同时还拥有悠久的文化历史。从切诺基族印第安人到苏格兰、爱尔兰的移民者，这片土地成为多种文化和多个民族的家园。

如今在这里还可以了解到早期生活在阿巴拉契亚山南部的居民的生活方式，许多历史性的建筑依然伫立，其中有伐木工棚、谷仓、教堂、磨米厂和其他各种各样的户外建筑。

国际生物圈保护计划是一个自愿加入的组织，其宗旨是保护世界生物资源。每一个保护地都拥有核心区、缓冲区，大雾山国家公园作为一个永不开发的地区理所当然地成为核心区，其他公共土地则作为缓冲区使用。

世界遗产的指定表明了这个公园对于阿巴拉契亚文化具有重要意义。

黄石国家公园

黄石国家公园的大部分位于怀俄明州西北部，只有小部分在蒙大拿州南部和爱达荷州东部。1872 年 3 月 1 日，黄石国家公园作为世界第一座国家公园，由美国国会建立。公园占地 8983 平方千米，大部分是平均高度为 2440 米的开阔的火成岩高原，最高峰伊格尔山海拔 3460 米。

黄石国家公园地质构造复杂，曾发生强烈火山活动，地面广泛覆盖熔岩流，地壳至今仍不稳定。公园的水潭里大多含有较浓的酸性成分，随着时光的流逝，不少树木遭受侵蚀，渐渐枯死变成黄色化石，岩石也被染黄的地下水涂上了一层浓浓的黄色——黄色的树木化石、形状各异的黄色岩石以及一片片金黄色的水潭，公园因此得名。

奇妙地质景观

强烈的火山运动使蕴藏在地球深处的热能冲破厚厚的地层，喷涌而出。巨大的能量不仅使地下水沸腾翻滚、激荡喷发，而且还造就了奇迹般的色彩景观。在这沸腾的热水中，竟也有微小的生命存在着。

黄石国家公园最吸引人之处是有 1 万多个温泉，其规模为地球之最。这些温泉表现为蒸汽孔、喷气孔、多彩热池、泥浆锅、热泉颜料罐、温泉台地、热河和间歇泉。间歇泉每隔一定的时间就喷发一次，热水高高地喷向天空，就像倒悬的瀑布。在公园的 200 多处间歇泉中，许多泉喷出的高度超过 30 米，有时可达 60 米。

伸入公园的山脉西北部为加拉亭岭，东部为阿布萨罗卡岭，北面为雪山山脉，南面是堤顿山脉，四周还被卡斯特、肖肖尼等国家森林环绕。

除了崎岖的山峦和壮观的深谷，黄石公园还有石林、冲蚀熔岩流、黑曜岩（火山玻璃）山、古怪的侵蚀地貌等地质奇观。黄石公园还以其湖泊与河流而闻名。其中黄石河的大峡谷是一条长 31 千米、流贯公园的多彩的狭隘河道，其流经处有一些色彩斑斓的岩壁和两处壮丽的瀑布。

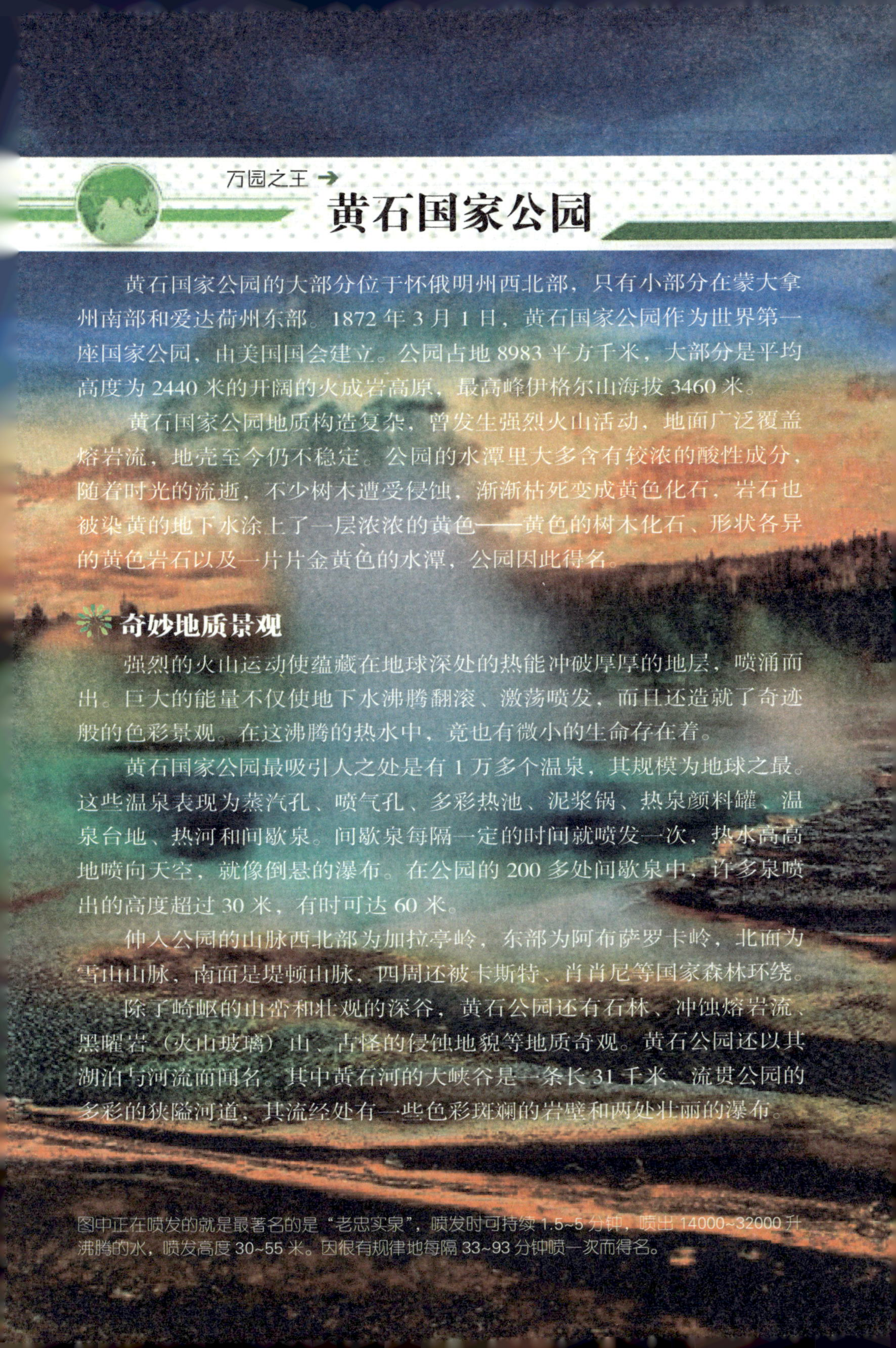

图中正在喷发的就是最著名的是“老忠实泉”，喷发时可持续 1.5~5 分钟，喷出 14000~32000 升沸腾的水，喷发高度 30~55 米。因很有规律地每隔 33~93 分钟喷一次而得名。

黄石大峡谷中奔流的瀑布

蕴含着地球生命的起源

最初吸引人们兴趣并使黄石成为国家公园的显著特征是地质方面的地热现象。这里拥有比世界上其他地方都多的间歇泉、温泉、化石森林以及黄石湖。

17 亿年前出现的绿色微生物——单细胞红藻能够适应极度的酸性环境，并能进行光合作用。仅仅在 50 年前人们才意识到，这壮丽的景观中还蕴含着地球生命的起源。20 世纪后期，人们才发现公园里光彩夺目的颜色原来是一种肉眼看不到的微小生物所为，它们生存在温度高达 100℃以上的热水中，严酷的生存环境与 37 亿年前生命诞生时的地球环境极其相似。

生物资源

公园的大部分地区被林木覆盖，其中绝大多数是扭叶松，还有一些针叶树木以及三角叶杨和白杨。温暖时节，漫山遍野开满了各种野花。

黄石公园内生活着为数众多的野生动物，约有 200 种，它们都是具有落基山地区代表性的种类。其中有 200 多头黑熊，100 多头灰熊。在路边常常可以看到一只大熊带着一两只小熊，拦住游人的汽车伸手乞食。那种滑稽的样子，煞是逗人爱怜。可惜的是，熊的数量日渐减少，政府不得不采取措施对它们严加保护。

物种"大观园"

冰川国家公园

阿根廷的罗斯·格拉希亚雷斯冰川国家公园由多山的湖区组成，位于南纬49° 以南，圣克鲁斯省西南部的边远地区。它包括南安第斯山的一个被大雪覆盖的地区，以及许多发源于巴塔哥尼亚冰原的冰川。1981年，它被联合国教科文组织列为世界文化遗产。

巨墙般的巨冰，在山谷中延展，四周雾霭升腾。静止的冰川似乎随时会一声巨响轰然塌落到海上。这个奇特而美丽的自然风景区有着崎岖高耸的山脉和许多冰湖，阿根廷湖就是其中最长的一条，长约160千米。在湖的远端三条冰河汇合处，乳灰色的冰水倾泻而下，像圆屋顶一样巨大的流冰带着雷鸣般的轰响冲入湖中。

阿根廷冰川国家公园的植被主要由亚南极的巴塔哥尼亚森林和草原组成，主要树种是伦卡树，它们也是公园内主要的植物群落。巴塔哥尼亚草原由东而始的大片针茅草丛间散布着矮小的灌木丛。海拔1000米以上的半荒漠地区长有旱生植物垫子草，更高的西部区域则遍布冰雪覆盖的山麓和冰川。这里还生活着不少稀有或濒临灭绝的动物，如分趾蹄鹿、水獭、矮鹿、羊驼、秃鹰等。喜欢群居的啮齿目动物南立大毛丝鼠是公园内的特有种。公园内记载的鸟类达100多种，其中较为著名的品种有安第斯秃鹰、野鸭、黑脖雀等。在哺乳动物中，有骆马、阿根廷灰狐狸、澳大利亚臭鼬等珍贵的品种，还有一群南安第斯的马形驼属动物居住在其他动物并不涉足的区域内。

原生态“野性的美”→

克罗地亚国家公园

克罗地亚共和国国土面积不大，人口也仅有450万，却被誉为“欧洲最美丽的地方”。每年能吸引几百万的国外游客，旅游业收入占到GDP的1/3。除因克罗地亚有着得天独厚的旅游资源外，更得益于这个国家对大自然遗产的悉心保护。

克罗地亚最美的自然风光被保护在国家公园和自然公园里。碧蓝纯净的海水、绿色的群岛、半岛和海峡、小海湾、充满阳光的海滩、保留了大量欧洲中世纪建筑的沿海城镇……

科纳提国家公园

它是地中海上最密集的群岛，也是地中海地区锯齿状最明显的群岛。有140多个无人居住的岛屿、石头和礁石，是一个名副其实的海和岩石的迷宫。国家公园由其中的110个组成。相传上帝创造了地球之后还剩几块石头，于是他将这些石头从肩膀上向背后一扔，就创造了科纳提。

科纳提风景的显著特点是生长着当地特有岩石植被的高高悬崖和最与众不同的浮雕，以及沿海地区被布满岩石的牧场所覆盖的、地质分层清晰的地貌。公园地区的1/3以上由大海构成，它的海底世界生长着亚得里亚海中最丰富的生物群落之一，由此这部分大海被宣布为专门用于科学目的、受特殊保护的大海，它也是最受出海游览者青睐的去处之一。

帕克莱尼采国家公园

这一地区在 1959 年被宣布为国家公园，包括克罗地亚最大的山脉韦莱比特山脉的南部，从最高峰到海面都在这个国家公园的范围内。它是以两个有着许多岩洞和壮观浮雕的峡谷—大帕克莱尼采和小帕克莱尼采来命名的。400 多米高的悬崖、瀑布以及荒野、高低不平的岩石外形创造出一种戏剧性的氛围。这地方对于登山家、研究人员和科学家来说都是一个真正的挑战。这里也是鸟儿观察者的天堂：有鹰、秃鹫和雕。

由于拥有丰富的动植物资源，韦莱比特山脉被宣布成为世界生物圈保护区。这个公园包含着两个自然保护区：罗什斯基和海度斯基·库克威，以著名的鲁特纳·亚玛壕沟——世界上最深的壕沟之一，以及迷人的喀斯特地貌而闻名于世。世界闻名的韦莱比特植物园也在这里。

这里是一个名副其实的海和岩石的迷宫。普利特维采湖区内逐级跌落的湖泊美不胜收。为了保护植被，避免各种野生植物被众多游人践踏，同时也为了游人的安全，景区内的湖边、树林、草地上都用木板铺设了离地面约 1 米高的木栈道。这些木栈道四通八达，通往景区内的所有主要景点，游人们只能沿着这些木栈道行走。

布里俄尼群岛国家公园

伊斯特拉半岛西岸的布里俄尼群岛国家公园由两个大岛和十二个小岛组成：古老的橡树、绿阴如盖的松柏大道和一棵 1600 年岁的橄榄树……那里有许多草地，成群的欧洲小鹿、印度梅花鹿和摩弗伦羊在上面吃草。公园的历史遗迹特别多：罗马时代的罗斯卡别墅、鱼塘和罗马兵营；威尼斯时代的遗迹；威力布均上的泰吉索夫军事要塞以及位于大布里郡尼的奥匈时期的一个大碉堡，当时附近的普拉是奥匈帝国的主要海军基地。这一地区在冬季也很引人入胜，鸟儿在这时开始迁徙。由于一种特殊的保护制度，周围的水下世界有很多种鱼类。另外，在该岛上还发现了恐龙的痕迹。

非洲缩影 →

维龙加国家公园

维龙加国家公园位于刚果民主共和国东部，靠近卢旺达和乌干达，坐落在东非大裂谷的大断层陷落带，横跨赤道线。是非洲最早创建的国家公园，占地790平方千米，公园里的爱德华湖属著名的尼罗河水系。

这里的生态环境类型主要包括：海拔高度不同的各个湖、湿软的沼泽地三角洲、泥沼、稀树大草原、火山熔岩平原、低海拔的赤道森林、高海拔的冰河及雪域（某些高山顶峰上的积雪常年不化）。该公园千差万别的海拔高度导致了该地区气候的复杂性，多方面因素的综合作用又使得这里的生态环境呈现出了多样性。1979年，联合国教科文组织将维龙加国家公园作为自然遗产列入《世界遗产名录》。

异彩纷呈的植物世界

各种各样的生态环境造就了异彩纷呈的植物世界。

山上长着青翠的竹林；稀树大草原上生长着白茅属植物、狼尾草、阿拉伯树胶和风车子，还有金丝桃属植物、罗汉松、石南科灌木和巨大的山梗菜属植物；到了海拔4300米以上，植被稀疏，主要是一些苔藓、地衣及种子植物。

公园内既有灌木和乔木杂布的草原景观，也有低莎草和芦苇遍布的沼泽地、草原，遮天蔽日的热带雨林以及分布在山坡上受山地气候影响的山地森林。同时，还有火山熔岩平原。

此外，公园内还分布着繁盛的竹林。如此丰富多彩的植被分布，使维龙加国家公园享有“非洲缩影”的美称。

维龙加地区复杂的植被及多样的生态系统，使许多习性不同的动物都能在这里找到适合于自己的生存环境。

这里还为一种濒临灭绝的珍稀动物——山地大猩猩提供了良好的生存环境，使这种在别处已不多见的动物能在这里得以悠然地繁衍生息，竹林也是大猩猩经常光顾觅食的地方。

野生动物的超级乐园

维龙加国家公园是中部非洲最大的天然动物保护区，公园里的动物有上百种，还有许多爬虫和鸟类。据统计，除狮子外，还有 2000 头大象，3 万只河马，1.5 万头野牛，5000 只疣猪等。

维龙加公园是世界上河马最为集中的地方。它们是水陆两栖动物，年龄可长达 45 岁，体重可达 3 吨，每天的食草量更是惊人，可达 60 千克。河马在水中交配，岸上产崽，夜间出来活动觅食，白天爱在泥沼里休息。

另外，有从西伯利亚飞来的鸟儿到这里过冬。

维龙加国家公园内竹林里的山地黑猩猩

世界上珍贵的稀有动物獾狮狓由于数量稀少和受到生存威胁，只有少部分生活在刚果民主共和国东部的高大原始森林中，绝大部分集中生活在埃普卢村庄附近的獾狮狓野生动物保护区中。但是，这个物种最初是在靠近东部的圣利基河谷——如今的维龙加国家公园中发现的。这是自 1959 年 8 月以来，獾狮狓在维龙加国家公园出现的首次记录。

时隔半个世纪，獾狮狓在维龙加国家公园再次被发现，这无疑给了世界自然基金会一个积极的信号。正如这个国家又恢复和平一样，它表明，在这个政治动荡的地区里，这个受到庇护的区域再次成为珍稀动物的避风港。

为此，世界自然基金会督促刚果民主共和国政府采取适当的措施，以保证维龙加国家公园能够得到长期有效的保护。否则，重返“故乡”的獾狮狓将再次面临消失的危险。

肯尼亚山国家公园

宏伟而绮丽的冰川地貌

肯尼亚山国家公园和自然森林位于肯尼亚东部，距离首都内罗毕东北 193 千米处，它横跨赤道，距肯尼亚海岸 480 千米。肯尼亚山国家公园建于 1949 年，位于海拔 1600~5199 米地区，占地面积为 1420.2 平方千米，1978 年 4 月成为联合国教科文组织人与生物圈规划的一个生态保护区，从此得到国际公认。1997 年被列入《世界遗产名录》。

气势宏伟的冰川

肯尼亚山由间歇性火山喷发形成。整个山脉被辐射状伸展开去的沟谷深深切开。沟谷大都是冰川侵蚀造成，山脚约 96 千米宽。有大约 20 个冰斗湖，大小不一，带有各种冰渍特征，分布在海拔 3750~4800 米之间，气势恢宏。山顶终年被积雪覆盖，这里的 12 条冰川终年不化，一直向山中海拔 4300 米高的地方延伸。其中，路易斯冰川和亭达尔冰川是两条最大的冰川。南部和东部由矮树或高草草原围绕，形成茂密的森林带覆盖山坡，向上延伸约 3200 米。在海拔约 4600 米高度，岩石裸露。

气候特征

每年的 3~6 月是肯尼亚山较长的一个湿润期，12 月至翌年 2 月为短暂的干燥季节。降雨量从北方到东南斜坡由 900 毫米一直增大到 2300 毫米。雨季，峰顶经常白雪覆盖，在冰川上形成 1 米以上的积雪层。在肯尼亚山上，空气流动剧烈，整个夜晚直到清晨，风不停地从山上吹下来。从早上一直到下午，空气又反方向上升，向山顶流动。

植物分布

在肯尼亚山上，植物的种类随海拔高度的变化而变化。山地森林生长在海拔较低的山坡上，真正的森林带从海拔 2000 米处开始分布，雪松是这里最常见的树木。

大多数低海拔地区不在保护区内，用来种植麦子。东南斜坡海拔较高地区的优势物种是青篱竹。中海拔地区为竹子和罗汉松混生区。海拔稍高或稍低处为罗汉松生长区。在海拔 2000~3500 米，年降水 2400 毫米的地区，哈根属乔木占了优势。海拔 3000 米以上，由于气温低，罗汉松让位于金丝桃属树木。丛生禾本植物、羊茅及苔草类占优势。丘陵草丛之中生长着斗篷草、老鹳草。在较高的高山地区（3800~4500 米）地形变化较大，花卉种类更多，有巨大的莲叶植物，如半边莲、千里光，还有飞廉属植物等。在土壤排水良好的地方——溪流旁边和河岸处，生长着各类禾本科植物。尽管在 5000 米以上的地区还可以发现维管植物，但从大约 4500 米高度起，连绵的植被就消失了。

肯尼亚山区的特有植物——千里光

典型的非洲动物

肯尼亚山国家公园和自然森林里生活着猴子、长颈鹿、水牛、大象、狒狒、大羚羊、小羚羊、野猪、香猫、土狼等动物，珍稀动物有大羚羊、肯尼亚鼹鼠、蜥蜴等。这里是野生动物的天堂，较低的森林和竹林区的哺乳动物有大林猪、岩狸、白尾獴、非洲象、黑犀牛、岛羚、黑胸麂羚以及猎豹（高山区也可见到）。沼泽地的哺乳动物有肯尼亚山特有的鼩鼱、岩狸、麂羚。在整个北部斜坡和深达 4000 米的峡谷中生活着特有的瞎鼠。森林鸟类包括绿鹮（肯尼亚山特产）、鹰雕、长耳猫头鹰等。

世界地质遗迹宝库

张家界地质公园

张家界砂岩峰林地质公园位于中国湖南省张家界市，总占地面积 3600 平方千米，由张家界、索溪峪、天子山、杨家界 4 个主要风景区和黄龙洞等构成一个完整的生态系统，山、水、桥、洞、瀑地貌景观齐全。

园内地貌代表了地球上一种独特的地貌形态和自然地理特征。地质公园分布区内出露泥盆纪（距今 4 亿 ~3.5 亿年）厚层石英砂岩，垂直节理发育，受后期地壳运动抬升，重力崩塌及雨水冲刷等内外地质动力作用的影响，形成了世界上极为罕见的砂岩峰林地貌景观为核心、以岩溶地貌景观为衬托，兼有成型地质剖面、特殊化石产地等大量地质遗迹，构成独具特色的砂岩峰林地貌组合景观。

公园内另一富有特色的地貌是岩溶洞穴地貌。地貌形态有漏斗、洼地、溶丘、石芽、石林等。溶洞以黄龙洞为典型——洞穴迷宫、卷曲状钟乳石、鹅管、歪斜钟乳石，以及色彩绚丽、晶莹剔透、形态各异、精妙绝伦的滴水石，如石钟乳、石幔、石帘、石花等，是世界上已发现的溶洞中石笋最集中、神态最逼真的地方之一。

在公园及其外围地区，古遗迹、古遗址分布广泛，充分展示了悠久的古代文化历史，加上当地深厚的少数民族风俗风情，令人流连忘返。

神山圣水

九寨沟自然保护区

九寨沟风景名胜区位于中国西部四川省阿坝县藏族羌族自治州南坪县，地处岷山山脉南段尕尔纳峰北麓，是长江水系嘉陵江源头的一条支沟。

全区面积约720平方千米，大部分为森林所覆盖。号称“人间仙境”的九寨沟历来被当地藏民视为“神山圣水”，沟内山、水、林、石均是藏民崇拜和保护的对象。

九寨沟得名的由来

相传，主管草木万物之神的“比央朵明热巴”有9个勇敢、聪明、美丽、善良的女儿。她们来到10座雪山上空，见蛇魔在水中投毒，人畜遭殃，便打败蛇魔，留下来与9个英俊的藏族小伙子结婚成家，一起重建家园。以后形成9个部落，分居9个寨，因此这里被后人称为“九寨沟”。

瑶池玉盆

九寨沟最有名的是水，以绿蓝色闻名于世，有“中华水景之王”之称。九寨沟的水，天生丽质，清澈如明镜，一年四季，一日之中都变幻无穷，让每一个游人惊叹。

九寨沟湖泊很多，当地人叫海子，据说大大小小的海子共有108个。最长的长海蜿蜒8千米，面积有200平方千米，长海的景色最为动人；最静的镜海，水平如镜，白云和树影倒映其中。九寨沟的一些小河里生长着大量的灌木丛。岸边的冷杉、白杨、桦、柏等树木粗根扎进河底，粉红色的须根漂浮水中，从高处看去，丛丛灌木，活像水中盆景。

世界最大的梅花鹿群居地

经中国梅花鹿专家研究发现：在四川省若尔盖县的铁布、巴西和九寨沟县的白河等地，发现野生梅花鹿 850 余只，这是目前世界上发现的最大的野生梅花鹿种群。

梅花鹿产于东亚，中国是野生梅花鹿的主产国，过去梅花鹿曾广泛分布于东北、华北、华中、华南、西南和青藏高原东部，因生活环境的破坏和过度捕猎，现在除吉林、黑龙江有 300 余只，安徽、浙江、江西约有 280 只，四川有 850 余只外，其余地方的野生梅花鹿已经灭绝。我国野生梅花鹿的总数量不足 1500 只，其数量之稀少与大熊猫数量相当。野生梅花鹿的处境非常危险，濒临绝灭，国家为此已将梅花鹿列为国家一级保护野生动物。

国内最大梅花鹿部落迁居九寨沟

四川野生梅花鹿之所以躲过灭绝之灾而存活下来，是因为其栖息地为高原与高山峡谷的过渡地貌，山地温带气候，森林与灌木丛、草甸相互镶合的植被为四川野生梅花鹿提供了优越的生存环境。

生物天堂

九寨沟是多种自然要素交汇的地区，山地切割较深，高差悬殊，植物垂直带谱明显，植物资源丰富：有高等植物 2576 种，其中国家保护植物 24 种；低等植物 400 余种，其中藻类植物 212 种，首次在九寨沟发现的藻类达 40 余种。

植被类型多样，隐藏着不同气候带的地带性植被类型。植物区系成分十分丰富，几乎包括了所有大的世界分区。许多孑遗植物保存良好，单型属、少型属分别占植物总数的 3.3% 及 13.73%。

九寨沟野生珍稀动物资源共有 17 种，其中一类保护动物有大熊猫、牛羚、金丝猴等，二类保护动物有毛冠鹿、白唇鹿、小熊猫、猕猴、林麝、红腹角雉、绿尾红雉、大天鹅等，三类保护动物有鬃羚、斑羚、蓝马鸡、血雉等。